utb 3908

AF567865

Eine Arbeitsgemeinschaft der Verlage

Brill | Schöningh – Fink · Paderborn
Brill | Vandenhoeck & Ruprecht · Göttingen – Böhlau Verlag · Wien · Köln
Verlag Barbara Budrich · Opladen · Toronto
facultas · Wien
Haupt Verlag · Bern
Verlag Julius Klinkhardt · Bad Heilbrunn
Mohr Siebeck · Tübingen
Narr Francke Attempto Verlag – expert verlag · Tübingen
Ernst Reinhardt Verlag · München
transcript Verlag · Bielefeld
Verlag Eugen Ulmer · Stuttgart
UVK Verlag · München
Waxmann · Münster · New York
wbv Publikation · Bielefeld
Wochenschau Verlag · Frankfurt am Main

Die Übungsblätter aus dem Anhang stehen Ihnen unter http://www.uvk.digital/45549 zum Download zur Verfügung.

Prof. Dr. Beate Gleitsmann lehrt an der Rheinischen Fachhochschule in Köln.

Dr. Christiane Suthaus ist Fachreferentin an der Universitäts- und Stadtbibliothek Köln.

Beide Autorinnen geben regelmäßig Kurse zum wissenschaftlichen Arbeiten an der Universität zu Köln.

Beate Gleitsmann
Christiane Suthaus

Wissenschaftliches Arbeiten im Wirtschaftsstudium

Ein Leitfaden zum Einstieg

2., überarbeitete und erweiterte Auflage

UVK Verlag · München

Umschlagabbildung: © bubaone ns – iStock
Kopf in Abbildung 1: © Ratsanai - iStock

Bibliografische Information der Deutschen Nationalbibliothek
Die Deutsche Nationalbibliothek verzeichnet diese Publikation in der Deutschen Nationalbibliografie; detaillierte bibliografische Daten sind im Internet über <http://dnb.dnb.de> abrufbar.

2., überarbeitete und erweiterte Auflage 2021
1. Auflage 2013

© UVK Verlag 2021
– ein Unternehmen der Narr Francke Attempto Verlag GmbH + Co. KG
Dischingerweg 5 · D-72070 Tübingen

Das Werk einschließlich aller seiner Teile ist urheberrechtlich geschützt. Jede Verwertung außerhalb der engen Grenzen des Urheberrechtsgesetzes ist ohne Zustimmung des Verlages unzulässig und strafbar. Das gilt insbesondere für Vervielfältigungen, Übersetzungen, Mikroverfilmungen und die Einspeicherung und Verarbeitung in elektronischen Systemen.

Internet: www.narr.de
eMail: info@narr.de

Einbandgestaltung: Atelier Reichert, Stuttgart
Druck und Bindung: CPI books GmbH, Leck

utb-Nr. 3908
ISBN 978-3-8252-5549-7 (Print)
ISBN 978-3-8385-5549-2 (ePDF)
ISBN 978-3-8463-5549-7 (ePub)

Vorwort zur 2. Auflage

Liebe Studierende,

Sie halten die zweite Auflage unseres kleinen Ratgebers in den Händen – oder sehen sie am Bildschirm. Hat sich im wirtschaftswissenschaftlichen Arbeiten viel verändert? Nein, eigentlich nicht. Aber manche Fragen von Studierenden sind uns neu begegnet, und es gab die eine oder andere Idee, wie mancher Aspekt übersichtlicher dargestellt werden kann. Entsprechend finden Sie in dieser Auflage deutlich mehr Übersichten, und eine Reihe von Checklisten ist auch dazugekommen. Wir hoffen, dass Ihre Arbeiten davon profitieren werden! Viel Erfolg!

Köln, im Sommer 2021

Die Autorinnen

Vorwort zur 1. Auflage

Liebe Studierende!

Bücher zum wirtschaftswissenschaftlichen Arbeiten gibt es viele. Sie sind unterschiedlich ausführlich, unterschiedlich kompliziert geschrieben und haben unterschiedliche Schwerpunkte. Eigentlich ist bereits für jeden Geschmack und jede Fragestellung etwas dabei. Warum also noch ein Buch zu diesem Thema?

Wir möchten Ihnen mit diesem kleinen Leitfaden den Prozess der Erstellung einer wissenschaftlichen Arbeit speziell in den Wirtschaftswissenschaften darstellen. Ausgangspunkt dafür sind die Fragen der Studierenden, die wir in vielen Kursen zum wirtschaftswissenschaftlichen Arbeiten gesammelt haben – also praktische Fragen, vor denen Studierende bei ihren ersten wissenschaftlichen Arbeiten oft stehen. Auf diese Fragen werden wir uns hier konzentrieren, ohne den Anspruch zu erheben, das wirtschaftswissenschaftliche Arbeiten mit all seinen Facetten umfassend darzustellen. Die einzelnen Arbeitsschritte werden darüber hinaus sehr komprimiert beschrieben, so, wie Sie es für Ihre erste wissenschaftliche Arbeit voraussichtlich brauchen. Eine Reihe von Literaturhinweisen am Ende des Buches soll denjenigen unter Ihnen helfen, die sich in einzelne Bereiche vertieft einarbeiten wollen.

Sie begleiten in diesem Buch vier Studierende – Nora, Kevin, Annkathrin und David. Diese vier kennen sich aus der Schule und schreiben bei verschiedenen Professoren ihre Abschlussarbeiten. Sie nehmen auch an Kursen zum wissenschaftlichen Arbeiten teil, die aber unterschiedlich ausführlich sind. Als „eingeschworenes Team“ helfen sie sich gegenseitig und tauschen ihr Wissen aus. – Sämtliche Ähnlichkeiten zu realen Personen sind rein zufällig. Wir haben uns unsere vier Kandidaten für wissenschaftliche Arbeiten ausgedacht.

Herzlich danken möchten wir Frau Dr. Barbara Endell, Frau Bianca Reindl, Frau Rebecca Rosenjart, Frau Katharina Runov und Herrn Ralf Depping für geduldiges Lesen und viele hilfreiche Korrekturvorschläge. Frau Rosenjart hat die Abbildung im Abschnitt „Ursprung der Quelle“ für uns erstellt – auch dafür vielen Dank!

Wir hoffen, Ihnen mit diesem Leitfaden eine Hilfestellung zu geben, die manchen Fehler bei der Erstellung einer Abschlussarbeit vermeidet und vielleicht sogar dazu beiträgt, dass Ihnen das wissenschaftliche Arbeiten Spaß macht. Und wenn Sie eventuell auf die Idee kommen, dass man sich im Team gegenseitig unterstützen kann, wäre ein weiteres Ziel dieses Buches erreicht.

Wir wünschen Ihnen viel Erfolg!

Köln, im Sommer 2013

Die Autorinnen

Inhaltsübersicht

Inhalt

1 Wie alles begann

Freitag, 20 Uhr. Kevin öffnete die Tür zur Kneipe „Die letzte Klausur" – ein beliebter Treff für Studierende. Annkathrin, Nora und David saßen schon am üblichen Tisch. Schnell kam das Gespräch auf das bevorstehende nächste Semester – die Abschlussarbeit stand für alle an.

Kevin

Annkathrin

David

Nora

David sah das sehr gelassen. „Mein Professor bietet ab der übernächsten Woche eine Veranstaltung an, bei der uns in mehreren Terminen ausführlich gezeigt wird, wie wir vorgehen sollen. Und dann haben wir während der ganzen Bearbeitungszeit auch noch alle 14 Tage einen Beratungstermin." „Kunststück, bei dem Fach!", meinte Annkathrin. „Bei euch schreiben ja höchstens 10 Leute. Meine Professorin will uns nur an zwei Terminen sehen – zur Themenvergabe und zur Abgabe der Arbeit. Die Mitarbeiter bieten für jeden noch ein Gespräch zur Gliederung an, aber das war's!" „Hast du noch nichts von den Kursen im Studium Integrale gehört?", fragte Kevin. „Nein, was soll das sein? Ich dachte, da gibt es nur Angebote zu Sprachen und zu irgendwelchen berufspraktischen Fähigkeiten?" „Nein, das Spektrum ist viel umfassender. Es gibt da ein paar Kurse zum wissenschaftlichen Arbeiten für alle, außerdem ein paar fachspezifische und einige zu einzelnen Aspekten, wie etwa zum wissenschaftlichen Schreiben. Gestern habe ich zufällig gesehen, dass nächste Woche an drei Tagen ein Blockkurs für Wirtschaftswissenschaftler angeboten wird, die ihre Abschlussarbeit organisieren müssen. Es sind wohl auch noch Plätze frei. Soll ich dir den Link zur Anmeldung mal schicken?" „Ja klar, gerne. Und du? Wirst du auch dort sein?" „Nein, bei uns wird Anfang des nächsten Monats von einem Mitarbeiter der Professorin ein ganzer Tag Einführung als Pflichtveranstaltung angeboten. Ich schätze, das wird reichen – und es wird wohl auch eine Veranstaltung sein, die wesentlich genauer auf die Anforderungen meiner Professorin eingeht. – Was ist mit dir, Nora?"

„Ich habe mir ein Buch zum wissenschaftlichen Arbeiten ausgeliehen und schon einmal angefangen zu lesen. Aber ehrlich – ich finde das alles ziemlich verwirrend, viel Kleinkram. Und das Thema Plagiate macht mir ein bisschen Angst. Ich hoffe, dass das Seminar, das bei uns das Semester über begleitend angeboten wird, ähnlich wie bei David, mir hilft. Das Lesen allein führt irgendwie zu mehr Fragen als Antworten."

Die vier saßen eine Weile sehr nachdenklich um den Tisch. Dann meinte Kevin: „Wir treffen uns doch sowieso jeden Freitag. Lasst uns doch in den nächsten Wochen einfach mal austauschen, was wir über das wissenschaftliche Arbeiten und die Erstellung einer Abschlussarbeit lernen. Bis zur Themenvergabe Mitte des Semesters sind es noch genug Freitage. Wenn wir jede Woche vielleicht eine oder anderthalb Stunden darauf verwenden, die einzelnen Themen aus den Kursen zu besprechen, müssten wir eigentlich ganz gut vorbereitet sein. Und dann, wenn es wirklich ans Schreiben geht, können wir einander helfen. Mein Problem war schon bei der Facharbeit die ‚Aufschieberitis' – das wird jetzt bestimmt nicht anders werden. Es wäre gut, wenn wir uns gegenseitig motivieren. Wie seht ihr das?" Alle waren einverstanden.

„Okay!", meinte Annkathrin, „Wenn ich das richtig sehe, dann ist wohl der Blockkurs nächste Woche, von dem Kevin gesprochen hat, die erste Veranstaltung zu diesem Bereich. Dann schlage ich vor, dass ich versuche, dort einen Platz zu bekommen. Und ich übernehme den nächsten Freitag als ersten Termin und berichte mal zu einem der Themen aus dem Kurs."

Und so kam es, dass jeden Freitag um 20 Uhr auf dem Tisch in der „Letzten Klausur" die Aufzeichnungen aus den verschiedenen Kursen ausgebreitet und ausgetauscht wurden. Jeder der vier Studierenden trug zum jeweiligen Thema bei, was sie gehört, gelesen und erarbeitet hatten.

2 Was ist wissenschaftliches Arbeiten?

„Und? Wie war der Kurs?" „Fühlst du dich jetzt besser vorbereitet?" „Erzähl mal!" Annkathrin wurde mit vielen Fragen und großer Neugier empfangen, als sie am folgenden Freitag in die „Letzte Klausur" kam. Sie grinste. „Ja, der Kurs war sehr interessant. Begonnen haben wir übrigens mit einer langen Diskussion über das Kaffeekochen." „Was?" „So eine Zeitverschwendung!" „Nix Zeitverschwendung! Ich habe dabei richtig etwas gelernt!" „Wieso? Hast du keine Kaffeemaschine zu Hause?"

Beschreibung des wissenschaftlichen Arbeitens

„Nein, habe ich wirklich nicht, ihr wisst doch, dass ich Teetrinkerin bin. Aber es ging auch gar nicht darum, wie man Kaffee kocht. Die Dozentin hat das als Beispiel gewählt, um den Unterschied zwischen wissenschaftlichem Arbeiten und den normalen Alltagstätigkeiten deutlich zu machen. Wenn wir Kaffee kochen, dann so, wie wir es mal irgendwo gesehen, von unseren Eltern oder sonst jemandem gelernt haben. Wir nehmen so ungefähr einen Löffel oder ein Kaffeemaß pro Tasse, wobei Tassen natürlich unterschiedlich groß sein können. Manche gießen das Kaffeepulver einfach mit kochendem Wasser auf, manche bevorzugen eine Kaffeemaschine, manche eine Kaffeekanne mit einem Kaffeefilter. Darüber entscheidet vor allem der persönliche Geschmack. Die Erfahrung zeigt dann, dass mit der einen oder anderen Kaffeemarke der fertige Kaffee mehr oder weniger gut schmeckt. Aber sonst denken wir nicht viel darüber nach. In Kaffeefirmen wird da ganz anders vorgegangen. Da wird die Wasserqualität genau analysiert, da werden Kaffeesorten nach Gewicht genau gemischt – es wird kontrolliert vorgegangen, Verfahren und Ergebnis werden exakt protokolliert und zur Optimierung der Produktqualität genutzt.

Dieses Beispiel zeigt den **Unterschied zwischen dem wissenschaftlichen Arbeiten** und dem dadurch gewonnenen wissenschaftlichen Wissen und der **Sammlung von Erfahrungen im Alltag**. Es gab dazu ein Tafelbild, das habe ich euch mal kopiert:"

Merkmale	Alltagswissen	Wissenschaftliches Wissen
Erwerb des Wissens	Erwerb durch Erfahrung, eigenes Handeln, „learning by doing", Erzählungen. → Wissenserwerb ist das Resultat **zufälliger** Ereignisse.	Wissen wird unter standardisierten Bedingungen erworben. → Wissenserwerb ist das Resultat von **methodisch kontrolliertem** Vorgehen.
Status des Wissens	Wissen ist an die Person gebunden. Persönliche Erfahrungen, eigene Meinung, Wertvorstellungen, Vorlieben, Interessen und Wünsche beeinflussen die Verwendung des Wissens. → Wissen ist **subjektiv**.	Wissen ist von der Person getrennt. Eigene Erfahrungen, eigene Meinung, Wertvorstellungen, Vorlieben, Interessen und Wünsche dürfen die Verwendung des Wissens nicht beeinflussen. → Wissen ist **objektiv**.
Verwendung des Wissens	Häufige Verwendung ohne kritische Hinterfragung führt zu Handlungsroutinen, die den Alltag erleichtern. Wiederholung ohne kritisches Denken wird selbstverständlich. →**Tradition**swissen	Kritisches Hinterfragen ist zentraler Bestandteil der Verwendung des Wissens. Erneute Verwendung des Wissens wird stets kritisch überprüft und ist auf Forschung ausgerichtet. → **Innovation**swissen
Vermittlung des Wissens	Formulierung ist unpräzise, mehrdeutig, zwecks schnellerem Verständnis werden häufig Beispiele und Metaphern genutzt. → **Alltagssprache**	Formulierung ist präzise, eindeutig und sprach-effizient. Definitionen sind notwendig. Argumentation ist abstrakt und allgemeingültig. Beispiele sind nur zur Veranschaulichung einer allgemeingültigen Argumentation zulässig. → **Wissenschaftssprache**

Tab. 1: Unterschiede zwischen Alltagswissen und wissenschaftlichem Wissen

„Hey Annkathrin, das ist zwar eine echt coole Tabelle, aber so ganz verstehe ich das noch nicht. Ich will doch in meiner Abschlussarbeit keinen Kaffee kochen und auch keine eigene empirische Forschung betreiben. Ich mache auch keine Experimente oder ähnliches. Ich will NUR eine Literaturarbeit schreiben", sagte David. „In meinem Fall kann ich das gar nicht gebrauchen. Ich muss doch nur zu einem Thema ein paar Bücher finden und die Meinungen zusammenstellen. Da muss ich doch nicht methodisch kontrolliert vorgehen, oder?" „Doch! Genau das ist es!", entgegnete Annkathrin. „Auch bei einer reinen Literaturarbeit musst du wissenschaftlich arbeiten, und das bedeutet, dass du schon bei der Literatursuche methodisch kontrolliert vorgehen musst. Auch bei der Suche nach Literatur darf kein Zufall vorkommen. Wenn du zufällig ein paar Bücher oder Artikel zu deinem Thema findest, dann reicht das eben nicht aus. Du musst so lange die Literaturrecherche kontrolliert betreiben, bis du die wesentlichen Literaturquellen zu deinem Thema gefunden hast. Im Seminar haben wir den Tipp erhalten, eine Literatursuchtabelle zu erstellen. Ich berichte Euch später, wenn wir bei Situationen der Literatursuche sind, wie Du das machst. Und dann solltest du grundsätzlich alles hinterfragen, was du liest. Dies gilt insbesondere für Quellenangaben – Literaturverzeichnisse und Belege können sehr fehlerhaft sein. Trau am besten keinem und prüfe alle Quellen und Seitenangaben selbst. Schließlich musst du noch darauf achten, dass deine eigenen Wünsche und Vorstellungen in deiner Arbeit nicht vorkommen. Alles, was du willst, meinst und dir wünschst, ist in einer wissenschaftlichen Arbeit verboten.

*Stelle die Fakten zu deinem Thema **objektiv** dar und achte dabei auf alle deine Formulierungen. Bleib immer **präzise**, verwende keine Umgangssprache und sorge dafür, dass du **sprach-effizient** schreibst, d.h. keine Wiederholungen in deiner Abschlussarbeit hast. Dazu gab es auch noch einen Tipp, den ich euch im Wortlaut mitgebracht habe", sagte Annkathrin.*

Tipp!

Beginne jede wissenschaftliche Arbeit zunächst damit, dass du dir einen guten Überblick über die Definitionen der zentralen Begriffe deiner Arbeit machst. Die zentralen Begriffe lassen sich aus dem Thema ableiten.

„Hey Leute, das passt ziemlich gut zu den **Ansprüchen an die Wissenschaftlichkeit**, die ich in meinem Buch gefunden habe“, sagte Nora. „Hier, schaut her, ich habe mir das rausgeschrieben:“

Tipp!

Ansprüche an die Wissenschaftlichkeit

Moralische Ansprüche

- Trennung der Eigenleistung von der Fremdleistung
- Nicht-Manipulierbarkeit der Person

Technische Ansprüche

- Objektivität
- Reliabilität
- Validität

Formale Ansprüche

- Wissenschaftssprache
- Zitierregeln

Moralische Ansprüche

„Wir dürfen die moralischen Ansprüche auf gar keinen Fall verletzen, sonst gibt es sofort eine 5,0“, betonte Nora. „Die **Trennung der Eigenleistung von der Fremdleistung** können wir dadurch sicherstellen, dass wir alle Aspekte, die wir in unserer Arbeit aus anderen Quellen übernommen haben, entsprechend mit Literaturangaben belegen. Wenn wir das nicht tun, ist es ein **Plagiat** und damit ist die 5,0 berechtigt, da wir geistiges Eigentum geklaut und es als Eigenleistung dargestellt haben. Alles, was wir selbst erarbeitet haben, ist Eigenleistung und wird nicht mit Literatur belegt, da es ja hierzu noch nichts gibt. Das ist relativ einfach, oder?“, stellte Nora fest. „Na ja, so einfach ist das wiederum auch nicht“, entgegnete Kevin. „Was ist, wenn ich eine tolle Idee habe und irgendwo schon mal jemand diese Idee in einem Buch beschrieben hat? Nehmen wir mal an, ich habe dieses Buch wirklich niemals in der Hand gehabt. Der Gutachter meiner Arbeit kennt es aber oder er ist zufällig drauf gestoßen. Jetzt denkt er, dass ich das abgeschrieben habe. Kann er mich dafür bestrafen?“ „Ja, das kann er. Das muss er sogar! Deshalb müssen wir doch die wissenschaftlichen Kriterien erfüllen und vor der eigentlichen Schreibarbeit, die wissenschaftliche Literatur recherchieren. Du hättest diese Idee des anderen Autors finden müssen, wenn du richtig gesucht hättest", stellte Nora fest. „Stimmt, ich erinnere mich. Zufälle bei der Literaturrecherche sollen wir vermeiden", sagte Kevin nachdenklich. „Aber heißt das, dass ich Literatur auch dann noch suchen muss, wenn ich zu einem Thema bzw. zu einem Aspekt schon sehr viel weiß, z.B. aus früheren Vorlesungen, aus meinen Erfahrungen durch Praktika oder von Erzählungen meines Vaters, der immerhin ein erfolgreicher Manager ist und vieles selbst erlebt und erfahren hat?", bohrte Kevin weiter.

„Ja, genau so ist es! Du musst immer die Literatur zu deinem Thema suchen, damit du belegen kannst, wer in der Wissenschaft zu deinem Thema was geschrieben hat. Das ist der beste Schutz vor dem Vorwurf des Plagiierens. Übrigens sind deine eigenen Erfahrungen bzw. die Erfahrungen deines Vaters subjektiv und haben in einer Abschlussarbeit sowieso nichts verloren."

„Erinnerst du dich noch?", fragt Nora. „Du hast recht", antwortete Kevin.

„Mit der **Nicht-Manipulierbarkeit der Person** ist gemeint, dass der Bearbeiter sich nicht durch einen Auftraggeber der Studie bzw. einer Forschungsarbeit beeinflussen lassen darf. Damit soll also eine Gefährdung durch Auftragsforschung ausgeschlossen werden", sagte Nora. „Aha, wenn ich also eine Studie zum Thema Gesundheitsbelastung durch Mobiltelefone durchführen würde und der Auftraggeber wäre z.B. ein Hersteller von Mobiltelefonen, der während meiner Forschung dafür sorgen würde, dass es mir so richtig gut geht, dann wäre ich gefährdet," sagte Kevin. „Du meinst wohl bestechlich", unterbrach ihn Annkathrin. „Ja, genau. Dann hat man mich manipuliert und ich erfülle die moralischen Ansprüche an die Wissenschaftlichkeit nicht", beendete Kevin seinen Gedankengang. „Korrekt", erwiderte Nora. David lehnte sich entspannt zurück und sagte: „Leute, das kann uns nicht passieren. Im Rahmen einer Abschlussarbeit im Studium ist die Gefahr sehr gering, dass jemand auf die Idee kommt uns zu manipulieren." „Sag das nicht. Das muss nicht im großen Stil erfolgen. Ich habe von einem schlimmen Fall gehört, dass ein sehr guter Student für eine Firma eine Abschlussarbeit schrieb. Während der Bearbeitungszeit hat der Student auch für die Firma gearbeitet. Der Abteilungsleiter des Unternehmens, der dem Studenten als Ansprechpartner genannt wurde, hatte aber eigene Interessen und beeinflusste ihn die ganze Zeit. Er stellte ihm nur bestimmte Informationen zur Verfügung, ließ ihn nur mit bestimmten Personen im Unternehmen sprechen etc. Mit dem Ergebnis, dass in die Abschlussarbeit eine einseitige Meinung geflossen ist. Die Arbeit wurde an der Hochschule mit einer 5,0 bewertet und der Student war total überrascht. Erst bei der Besprechung der Note hat er festgestellt, dass er viele Aspekte nicht beachtet hat und eigentlich manipuliert worden ist", erzählte Nora. „Ist ja der Hammer! Tja, ich schätze, das heißt, dass wir niemandem trauen dürfen und ständig kritisch sein müssen", stellte Annkathrin fest.

Technische Ansprüche

David schaute nachdenklich und runzelte die Stirn: „Ich habe schon öfter gehört, dass viele Arbeiten von Studierenden angeblich methodisch schlecht gemacht sind. Das hat doch nichts mit Plagiaten oder Manipulierbarkeit der Person zu tun, oder?" Nora nickte: „Stimmt, das hat was mit den sogenannten **technischen Ansprüchen,** also der Art und Weise der Literaturrecherche, Datenerhebung und Auswertung zu tun. Es gibt drei wichtige Kriterien, die eine Aussage über **die Qualität einer Arbeit** ermöglichen. Das sind die sogenannten Gütekriterien: **Objektivität, Reliabilität und Validität.** Ihr müsst diese drei Kriterien unbedingt beachten, wenn ihr eine gute Note haben wollt. Ich werde Euch diese Kriterien jetzt kurz vorstellen."

Objektivität

„Die wissenschaftliche Objektivität ist das Kriterium, das am einfachsten zu verstehen ist", führte Nora weiter aus. **„Eine wissenschaftliche Arbeit ist dann objektiv, wenn die Aussagen und das erzielte Ergebnis unabhängig von der Person sind, die die wissenschaftliche Arbeit anfertigt**. Unsere eigene Meinung, unsere Wünsche, Vorstellungen und unsere eigenen Erfahrungen dürfen bei der wissenschaftlichen Arbeit keine Rolle spielen. Sie dürfen nicht in die Argumentation einfließen. Gleichzeitig muss unsere Argumentation **vollständig** sein. Wenn wir Aspekte, die uns nicht in die Argumentation passen, einfach weglassen, dann sind wir nicht objektiv."

Kevin hakte noch einmal nach: „Okay, das habe ich verstanden. Die Literaturrecherche, Auswertung, Interpretation und Argumentation erfolgen **ohne Beeinflussung** durch involvierte Personen. Alle Aussagen sind unvoreingenommen und basieren auf nachprüfbaren Fakten bzw. mathematischen Berechnungen, **die von Dritten überprüft werden können**. Aber was heißt das konkret?" „Ich habe verstanden, dass Literaturrecherche, Auswertung, Interpretation und die Argumentation in unseren Arbeiten ohne Beeinflussung durch andere beteiligte Personen erfolgen müssen." Annkathrin erläuterte weiter: „Vielleicht hilft ein Beispiel: Erinnert Euch mal an die Schule. Bei Klausuren in Mathe konnte man sofort sehen, wie eine Note zustande kam. Das war nachprüfbar und erschien uns objektiv. Aber bei Aufsätzen haben wir oft gerätselt und die Objektivität bezweifelt – wir kannten die Regeln und Maßstäbe nicht, nach denen wir bewertet wurden." „Ja, stimmt," meinte Nora, „hier habe ich übrigens noch ein paar Beispiele aus dem Buch." Sie legte ein Blatt auf den Tisch.

Thema: Auswirkungen der Globalisierung auf den Arbeitsmarkt.	
Nicht objektiv: Bei der Literaturauswahl werden gezielt nur Studien ausgewählt, die zu einem persönlich gewünschten Ergebnis passen, z.B. werden ausschließlich positive Auswirkungen und Vorteile der Globalisierung beschrieben.	**Objektiv:** Bei der Literaturauswahl werden alle Studien ausgewertet, die zum Thema durchgeführt worden sind. Alle wichtigen Vor- und Nachteile der Globalisierung werden dargestellt.
Thema: Attraktivität von Personen in der Werbung.	
Nicht objektiv: Für ein Experiment werden Testimonials ausgewählt, die der Forscher optisch ansprechend findet und persönlich als attraktiv beurteilt.	**Objektiv:** Zur Beurteilung der Attraktivität werden Kriterien festgelegt, z. B. Symmetrie von Gesichtern. Bei der Auswahl werden den Kriterien entsprechende Gesichter ausgewählt.
Thema: Effektivität von Wirtschaftsförderungsmaßnahmen in Kleinstädten.	
Nicht objektiv: Zu diesem Thema wird ein Interview mit einem Bürgermeister durchgeführt.	**Objektiv:** Zu diesem Thema wird ein standardisierter Fragebogen erstellt, der einer Vielzahl von Personen vorgelegt wird. Für die Durchführung, Auswertung und Interpretation gibt es konkrete Vorgaben.

Tab. 2: Beispiele zur Objektivität

Nach einer kurzen Denkpause schaute Kevin alle traurig an und sagte: „Leute, das bedeutet, dass ich meine Abschlussarbeit auf gar keinen Fall meiner Freundin zum Korrekturlesen geben darf." „Wieso nicht?", unterbrach ihn David. „Na ja, weil unsere persönliche Beziehung eine sehr große Rolle spielen wird. Sie wird mich nicht verletzen wollen und deshalb wahrscheinlich auch kein ehrliches Urteil abgeben, auch wenn ich Mist geschrieben habe“, antwortete Kevin.

„Das sehe ich anders“, meinte Nora. “A friend tells you when you have dirt on your nose! So formuliert es meine englische Freundin immer, und ich finde, das stimmt. Freunde wissen, dass Du ehrliche Kritik brauchst, um eine gute Note zu bekommen. Und wir müssen uns beim wissenschaftlichen Arbeiten daran gewöhnen, einander gerecht und objektiv zu kritisieren – und auch Kritik einzustecken. Sonst können wir später auch nie in einem Team arbeiten.“ David grinste. „Irgendwie kann ich Kevin aber auch verstehen. Mir fallen da einige Leute ein, die mir nicht die Wahrheit sagen würden.“ „Okay, dann bittet solche Freunde einfach nur, auf Tipp- und Rechtschreibfehler zu achten. Für diese Korrekturen brauchen wir ja auch jemanden. Und andere, denen ihr mehr zutraut, lesen dann fachlich/sachlich Korrektur. Wir zum Beispiel gegenseitig. Aber nun wieder zurück zum eigentlichen Thema. Ich sehe, ihr habt die Objektivität verstanden. Kommen wir zum zweiten Kriterium“, meinte Nora.

Reliabilität

„Reliabilität lässt sich am besten mit **Zuverlässigkeit** umschreiben“, fuhr Nora fort. „Die Reliabilität verlangt von einer Methode, dass sie zuverlässig immer wieder zum gleichen Ergebnis führt, d. h. **bei einer Wiederholung unter identischen Bedingungen muss man zu einem identischen Ergebnis gelangen**“. David unterbrach Nora sofort: „Auch auf die Gefahr hin, dass ich nerve. Ich weise noch mal darauf hin, dass ich keine Experimente mache, sondern eine Literaturarbeit schreibe. Die Sache mit der Reliabilität kann ich mir dann doch sparen, oder?“ „Nein, das kannst du nicht“, antwortete Nora. „Auch bei einer Literaturarbeit müssen deine Aussagen zuverlässig und verlässlich sein, d. h. wenn jeder von uns heute Abend eine eigene Hausarbeit zu dem gleichen Thema und der gleichen Forschungsfrage mit der gleichen Methodik schreiben würden, dann müssten wir alle zu einem identischen Ergebnis kommen. Wenn das nicht gelingt, dann sind unsere Arbeiten nicht reliabel, d. h. man kann sich also auf unsere Ergebnisse nicht verlassen.“ „Hä?“, unterbrach David schon wieder. „Du spinnst! Das kann gar nicht klappen. Jeder von uns würde doch anders vorgehen. Nora würde die Literatur recherchieren, David würde eine theoretische Arbeit dazu schreiben, Annkathrin würde mit einem Onlinefragebogen die Studierenden unserer Hochschule befragen und ich mache ein paar Interviews mit den Studierenden, die ich heute Nacht auf dem Weg nach Hause zufällig auf der Straße treffe. Dann kommen wir doch niemals zum gleichen Ergebnis." Nora antwortete ruhig: „Das stimmt, David! Aber Du hast gerade vier unterschiedliche Methoden beschrieben. Das sind keine identischen Bedingungen. Nehmen wir an, wir würden tatsächlich in der nächsten Zeit über dieses Thema eine reine Literaturarbeit schreiben und hierzu empirische Studien auswerten, die sich mit Problemen von Studierenden bei der Anfertigung einer wissenschaftlichen Arbeit beschäftigt haben. Dann müsste doch jeder von uns die wichtigen empirischen Untersuchungen, die es hierzu bisher gab, finden und in seiner Arbeit vollständig und objektiv auswerten. Dann kämen wir alle zum gleichen Zeitpunkt zum gleichen Ergebnis", schlussfolgerte Nora.

David fragte nach: „Und wenn ich drei sehr wichtige empirische Studien zu dem Thema einfach nicht finde – was ist dann?" „Dann hast du methodisch nicht korrekt gearbeitet. Du musst alle wesentlichen empirischen Studien, die es zu diesem Thema zum Zeitpunkt der Abgabe der wissenschaftlichen Arbeit gibt, aufführen, sonst bist Du nicht reliabel", schaltete sich Annkathrin ein. „Und wenn ich bewusst ein paar Studien nicht berücksichtige? Aus welchem Grund auch immer ...", fragte David weiter. „Dann bist Du nicht objektiv und damit automatisch nicht reliabel", antwortete Nora.

Kevin schaltete sich in die Diskussion ein: „Okay Leute, nehmen wir mal an, wir machen tatsächlich alle unabhängig voneinander eine Befragung unter Studierenden unserer Hochschule. Da wird doch jeder von uns anders fragen und wahrscheinlich auch andere Antworten erhalten, dann kommen wir auch nicht zum gleichen Ergebnis." „Bei Befragungen kommen häufiger Probleme mit der Zuverlässigkeit vor", antwortete Nora. „Ort und Zeit der Befragung beeinflussen die Reliabilität. Wir müssten die Studierenden zum gleichen Zeitpunkt in einem bestimmten Semester befragen, damit wir reliabel sind. Auch die Fragen sollten standardisiert sein, damit alle Personen die gleichen Fragen gestellt bekommen, und bei der Auswertung müssen die statistischen Verfahren dafür sorgen, dass eine andere Person die erhobenen Daten auf identische Weise auswerten kann. Alle diese Informationen müssen natürlich in der wissenschaftlichen Arbeit aufgeführt sein, damit jeder nachvollziehen kann, wie wir vorgegangen sind. Das ist das Kriterium der Reliabilität."

Kevin dachte nun laut nach: „Ja, das leuchtet mir ein. Wenn ich jedem von Euch die Frage stelle ‚Fühlst Du dich für die Anfertigung einer Ab--schlussarbeit gut vorbereitet?', dann bekomme ich von Euch vermutlich drei völlig unterschiedliche Antworten, z. B. ‚ein bisschen', ‚etwas', ‚ganz Okay' oder ‚so la la'. Damit kann bei der Auswertung niemand etwas anfangen“, stellte Kevin fest. „So ist es, denn jede Person interpretiert ‚ganz Okay‘ anders. Deshalb ist diese Vorgehensweise nicht reliabel. Das wird schon viel zuverlässiger, wenn ich die Antworten standardisiert vorgebe und das auch noch schriftlich festhalte, damit jeder die Datenerhebung, den Untersuchungsgegenstand, den Verlauf der Befragung und die Auswertung nachvollziehen und auch nachprüfen kann.“ „Genau, schaut her – ich habe mir dazu einige Beispiele herausgeschrieben", antwortete Nora und legte währenddessen ein weiteres Blatt mit Beispielen auf den Tisch.

Thema: Erfolgsfaktoren von wissenschaftlichen Arbeiten – ein Literaturüberblick	
Nicht reliabel:	**Reliabel:**
Die wissenschaftlichen Studien werden in der Arbeit nicht dargestellt.	In der Arbeit wird ein Überblick über alle wichtigen empirischen Studien zum Thema gegeben.
Die Literaturangaben sind unvollständig, so dass eine Überprüfung durch Dritte nicht möglich wird.	Alle Angaben zu den Literaturquellen sind vorhanden.
Thema: Kriterien für ideale Notebooks zum Studieren – eine Studierendenbefragung	
Nicht reliabel:	**Reliabel:**
Die Fragen an die Studierenden werden in der Arbeit nicht dargestellt.	Ein Interviewleitfaden wird entwickelt und in der Arbeit dargestellt.
Jede Person bekommt andere Fragen gestellt.	Alle Personen bekommen die gleichen Fragen gestellt.
Die Größe eines Notebooks wird mit einer Waage gemessen.	Die Größe eines Notebooks wird mit einem Maßband oder Zollstock gemessen.
In der Arbeit wird nicht beschrieben, wann, wo und wie die Studierenden befragt wurden.	Zeit und Ort der Befragung sowie Details zu den Interviewpartnern werden ausführlich beschrieben.
Vorgehensweise bei der Auswertungsmethode wird nicht beschrieben.	Auswertungsmethode wird exakt beschrieben. Die Auswertung wurde so weit wie möglich standardisiert.

Tab. 3: Beispiele zur Reliabilität

Nora fasste nun zusammen: „**Das Kriterium der Reliabilität gibt an, inwieweit eine Methode oder ein Instrument, z. B. ein Fragebogen, bei wiederholter Anwendung dieselben Ergebnisse liefert**. Dabei kann die Reliabilität auch bei der Auswertung und Interpretation der Ergebnisse zum Problem werden, indem zwei Personen die gleiche Aussage unterschiedlich bewerten." David grübelte etwas und fügte hinzu „Ich gebe zu, Einschätzungen so zuverlässig zu messen, dass dritte Personen zu gleichen Ergebnissen kommen, ist nicht einfach. Aber es geht auch einfacher. Wenn wir z. B. die Länge des Tisches hier messen, dann wird jeder von uns ein Maßband nehmen und 2,20 Meter messen. Egal wer diese Messung wann und wo vornimmt. Dieser Tisch wird zu jeder Tageszeit und an jedem Ort eine Länge von 2,20 Metern haben." „Genau, deshalb ist diese Messung reliabel, weil jeder diese Messung wiederholen kann und zum gleichen Ergebnis kommen wird!", sagte Nora. „Wärst Du auf die Idee gekommen, die Länge der Tischkanten schätzen zu lassen, wäre das nicht reliabel", betonte Nora. „So einfach ist es nicht immer. Stell Dir vor, Du möchtest Zufriedenheit, Glücksempfinden oder Motivation messen. Da musst Du dir bezüglich der Messmethodik echt gute Gedanken machen, womit wir beim dritten Kriterium wären", fuhr Nora fort.

Validität

„Die Validität sagt etwas darüber aus, **wie gut die gewählte Methode geeignet ist, eine Forschungsfrage zu beantworten bzw. ein bestimmtes Merkmal zu messen**. In Bezug auf eine Forschungsfrage fragt man sich also, ob die gewählte Methode bzw. das Instrument wirklich das misst, was gemessen werden soll", sagte Nora. „Aspekte der Kundenloyalität kann ich nicht unkritisch mit Hilfe irgendeiner Theorie der Kundenbindung ergründen. Das ist selbstverständlich. Aber ich möchte noch mal auf schwierigere Sachen, z. B. die Messung von etwas, was man nicht direkt beobachten kann, zurückkommen. Die Herausforderung bei der Sicherstellung der Validität besteht darin, dass man manche Dinge einfach nicht direkt beobachten und messen kann. Wenn ich zum Beispiel wissen will, ob Studierende motiviert sind, muss ich Annahmen darüber treffen, woran ich die Motivation festmache. Der Rückschluss von Beobachtungen auf die Motivation muss valide sein, d. h. ich muss sicherstellen, dass das was ich überprüfe, auch tatsächlich das ist, was ich überprüfen möchte." Kevin unterbrach sie: „Also mit einfachen Worten: Ich muss ständig prüfen, ob meine Literatur, meine Definitionen, meine Methoden und das, was ich schreibe, exakt zum Thema passen." Nora antwortete: „Genauso ist es. Das ist mit ‚Validität' gemeint. Schau, hier sind wieder ein paar Beispiele."

Thema: Auswirkungen der Servicequalität auf die Kundenloyalität	
Nicht valide:	**Valide:**
In den Grundlagen wird Kundenbindung statt Kundenloyalität definiert.	Kundenloyalität wird exakt definiert und von ähnlichen Begriffen (z. B. Kundenbindung) klar abgegrenzt.
In den Grundlagen werden theoretische Ansätze zur Erklärung der Servicequalität beschrieben.	In den Grundlagen werden theoretische Ansätze zur Erklärung der Determinanten der Kundenloyalität beschrieben.
Thema: Rechtschreibkenntnisse von Studierenden mit Migrationshintergrund	
Nicht valide:	**Valide:**
Bei der Befragung wird die Zeichensetzung überprüft.	Bei der Befragung werden Rechtschreibkenntnisse überprüft.
Alle Studierenden werden befragt.	Ausschließlich Studierende mit Migrationshintergrund werden befragt.
Thema: Probleme beim wissenschaftlichen Arbeiten – eine Studierendenbefragung	
Nicht valide:	**Valide:**
Bei der Datenerhebung werden Freunde und Bekannte befragt.	Bei der Datenerhebung wird eine repräsentative Auswahl unter den Studierenden durchgeführt.
Es werden willkürliche Aspekte erhoben und irrelevante Fragen gestellt.	Es werden nur Aspekte erhoben, die zur Fragestellung passen.

Tab. 4: Beispiele zur Validität

Annkathrin las sich die Beispiele langsam durch und hatte einen Aha-Moment: „Aha, das heißt, dass zwecks Bestimmung der Länge eines Tisches das Maßband ein reliables Instrument ist. Wenn das Ziel meiner Forschung aber die Untersuchung der Stabilität des Tisches ist, dann muss ich mir Gedanken darüber machen, ob hierfür überhaupt die Länge des Tisches oder andere Merkmale, z. B. die Anzahl an Tischbeinen beobachtet werden muss.“ „Korrekt!“, stimmte Nora zu.

„Validität sollte man nicht nur auf das Thema beziehen, sondern auch auf einzelne Abschnitte der Arbeit. Wenn ein Gliederungspunkt einer Arbeit z.B. Definition und Ziele heißt, dann dürft ihr im Textteil zu diesem Gliederungspunkt nur die Begriffserläuterung und die Ziele beschreiben. Wer im gleichen Kapitel zusätzlich schon Vorteile, Nachteile, Anwendungsbereiche etc. erläutert, dessen Ausführungen sind in diesem Abschnitt nicht valide", stellte Nora fest.

„Sicherheitshalber habt ihr hier noch eine Zusammenfassung."

Merke!

» Die Objektivität bezieht sich darauf, **wer** die wissenschaftliche Arbeit schreibt. Hier ist die Objektivität der durchführenden Person im Fokus.

» Die Reliabilität prüft, **wie** die wissenschaftliche Arbeit durchgeführt wurde. Hier steht die Zuverlässigkeit der Methode im Vordergrund.

» Die Validität prüft, **was** überhaupt untersucht wird. Hier wird betrachtet, was die gewählte Methode überhaupt messen kann.

Die drei technischen Ansprüche bedingen sich gegenseitig. Ohne Objektivität gibt es keine Reliabilität und ohne Reliabilität kann es keine Validität geben.

Die vier Freunde lehnten sich entspannt zurück und dachten eine Weile nach. Schließlich unterbrach David die Stille: „Die technischen Ansprüche an die Wissenschaftlichkeit habe ich jetzt verstanden, aber ich habe die Sorge, dass ich das alles während des Schreibens meiner eigenen Arbeit wieder vergesse." „Geht mir auch so", meinte Annkathrin. „In unserem Kurs wurde dazu eine Checkliste aus einem Buch empfohlen – die habe ich mal für uns alle kopiert." Sie gab jedem ein Blatt. David guckte darauf und meinte: „Super! Solche Checklisten sollten wir zu jedem Thema haben – dann kann nichts schief gehen!"

Checkliste!

Technische Ansprüche an die Wissenschaftlichkeit

Objektivität: Bezieht sich darauf, **wer** eine wissenschaftliche Arbeit schreibt. Eine Arbeit ist objektiv, wenn keine ungewollten Einflüsse durch involvierte Personen entstehen.

- Persönliche Empfindungen und Interessen sind in meine Arbeit nicht eingeflossen.
- Bei der Durchführung und Auswertung meiner Arbeit, habe ich standardisierte Regeln und Kriterien angewendet.
- Zwischenmenschlicher Kontakt mit den Befragten/Beobachteten wurde bestmöglich vermieden.
- Bei Interviews und Befragungen habe ich auf Suggestivfragen und persönliche Beeinflussung verzichtet.

Reliabilität: Bezieht sich darauf, **wie** eine wissenschaftliche Arbeit durchgeführt wurde. Eine Arbeit ist reliabel, wenn sie bei wiederholter Durchführung unter gleichen Bedingungen gleiche Ergebnisse liefert.

- Eine umfassende Literaturrecherche habe ich durchgeführt.
- Alle wesentlichen Aspekte sind in der Arbeit berücksichtigt.
- Alle Personen erhalten den gleichen Fragebogen.
- Fragestellungen sind idealerweise standardisiert.
- Durchführung der Befragung wird exakt beschrieben.
- Stichprobe wird exakt beschrieben.
- Bei der Auswertung werden statistische Verfahren angewendet.
- Ort und Zeitpunkt der Befragung werden bekannt gegeben.

Validität: Bezieht sich darauf, **was** untersucht wurde. Eine Vorgehensweise ist valide, wenn sie tatsächlich das behandelt, was behandelt werden muss.

- Die Begriffe des Themas werden exakt definiert und von ähnlichen Begriffen klar abgegrenzt.
- Die gewählten Theorien und Aspekte sind zur Beantwortung der Forschungsfrage geeignet.
- Es werden nur Aspekte dargestellt, die zum Thema bzw. zur Forschungsfrage passen und somit relevant sind.
- Bei Befragungen ist die Datenerhebung anonym.
- Bei der Datenerhebung findet eine repräsentative Auswahl statt.
- Die gewählte Messmethode ist für die Untersuchung eines speziellen Zusammenhanges geeignet.

Formale Ansprüche

„Die formalen Ansprüche beziehen sich auf die **wissenschaftliche Sprache** und die **Zitierweise**. Bezüglich der Ausdrucksweise sind wir uns einig, dass wir präzise und eindeutige Formulierungen nutzen, richtig? Ich denke, dass wir alle Rechtschreibung, Grammatik und Interpunktion beherrschen und eine fehlerfreie Arbeit hinkriegen, oder?“, fragte Annkathrin. „Ja, das kriegen wir schon hin, zumal die Arbeit ja auch vor der Abgabe Korrektur gelesen wird. Ich vertraue da voll auf Noras Kenntnisse. Aber das mit der Wissenschaftssprache macht mir etwas Sorgen“, antwortete David. „Wieso, ist doch easy. Du überlegst bei jeder Formulierung, ob du präzise und eindeutig formulierst und auf jegliche Metaphern etc. verzichtest“, meinte Nora. „Wir haben so etwas doch schon im Deutschunterricht in der Schule gehabt. Aber wenn ihr wollt, erzähle ich euch an einem anderen Freitag noch, was in meinem Buch dazu steht und was wir im Begleitseminar haben – das Thema soll wohl relativ früh zur Sprache kommen, wenn ich mir die Seminargliederung so angucke. Das müsste noch vor der Themenvergabe klappen.“

„Und einen Abend zu den Zitierregeln machen wir auch noch. Die haben wir zwar im Kurs ausführlich gehabt, aber das ist ein Wust von Detailregeln. Da bin ich froh, wenn jemand von euch das übernimmt“, meinte Annkathrin. „Gut, das können wir ja dann noch entscheiden.“

3 Welche Anleitungen zum wissenschaftlichen Arbeiten sind wichtig?

„Also, ich finde diese ganzen Hinweise zum wissenschaftlichen Arbeiten ziemlich verwirrend", meinte David. „Unendlich viele Ansprüche, manches wird unterschiedlich gesehen, neue Fremdwörter – derzeit wächst meine Angst vor der neuen Aufgabe eher, als dass ich sicherer werde und weiß, was ich zu tun habe." Nora konnte das gut nachvollziehen: „Das ist mir schon mit meinem Buch so gegangen. Und ich habe nur ein Buch zum wissenschaftlichen Arbeiten bisher angelesen, aber es gibt doch so viele. Wie entscheide ich denn, **welche Anleitungen wirklich wichtig und für meine Arbeit geeignet sind**? Was muss ich unbedingt nachlesen und beherzigen, um eine gute Arbeit schreiben zu können?"

„Ich verstehe euch", sagte Annkathrin. „Mir ist das am Anfang des Kurses auch so gegangen. Aber keine Sorge – es wird hinterher besser, wenn man erst einmal den Überblick über den gesamten Prozess hat. Außerdem wurde im Kurs auch einiges genau zu dieser Frage gesagt."

„Die wichtigste Anleitung ist zunächst mal die, die der jeweilige Professor oder die Professorin herausgibt. Man findet solche Hinweise meist im Internetangebot zum Fach. Wichtig ist, wirklich die Anleitung zu verwenden, die der Professor herausgibt, bei dem man gerade schreibt. Die, die für die letzte Arbeit bei meinetwegen einer anderen Professorin galt, kann in Einzelbereichen völlig in die Irre führen."

Also – ich weiß von einigen Leuten, dass es an ihren Hochschulen anders ist", sagte Kevin. „Dort gibt es einen Leitfaden für wissenschaftliches Arbeiten und der gilt für alle wissenschaftlichen Arbeiten und für alle Fachbereiche an der Hochschule. Und andere kennen Anleitungen zumindest für ihren eigenen Fachbereich. Das finde ich viel besser."

„Einerseits hast du völlig recht. Es ist schon leichter, wenn man die einmal gelernten Regeln immer beibehalten kann. Aber die unterschiedlichen Anforderungen der einzelnen Professoren und Professorinnen beziehen sich letztlich nur auf die Formalien, wie Fußnoten, Literaturverzeichnisse etc. Das Wichtigste, die grundlegende Technik des wissenschaftlichen Arbeitens, bleibt immer gleich. Es gelten auch die gleichen Anforderungen an eine wissenschaftliche Arbeit – egal bei wem und wo du schreibst", entgegnete Annkathrin. „Außerdem bezweifele ich, nach dem, was ich gehört habe, dass diese Einheitlichkeit der Anleitungen wirklich stimmt. Zumindest sind die Regeln beispielsweise bei Naturwissenschaftlern, Psychologen und Medizinern deutlich anders als in den Wirtschaftswissenschaften – was sich übrigens auch auswirkt, wenn wir eine Arbeit in den Überschneidungsgebieten wie Wirtschaftspsychologie oder Gesundheitsökonomie schreiben."

„Aber wieso sind gerade formale Anforderungen überall anders?", fragte Kevin. „Gibt es denn keine allgemeingültigen Regeln?" „Leider nein", erwiderte Annkathrin. „Vielfach sind diese Regeln über viele Semester ‚historisch gewachsen' und einfach Gewohnheiten, die sich für die jeweiligen Lehrenden als sinnvoll herausgestellt haben. Manches darin ist einfach Geschmackssache, nicht ‚richtig' oder ‚falsch'. Übrigens – wenn wir mal irgendwann entscheiden, in der Wissenschaft bleiben zu wollen, wird das eine ständige Frage sein. Oft haben selbst innerhalb eines Verlages die einzelnen Zeitschriften unterschiedliche Formvorschriften und es gehört zum wissenschaftlichen Arbeiten offensichtlich dazu, dass man sich über diese **Vorschriften in der jeweiligen Umgebung, in der man arbeitet**, informiert und sie anwendet. Sonst hat man beispielsweise keine Chance, in der Zeitschrift seiner Wahl einen Aufsatz zu veröffentlichen." „Ziemlich unwirtschaftlich", sagte David. „Man sollte doch meinen, dass Wirtschaftswissenschaftler den Sinn von Vereinheitlichung sehen und sich dann einigen können." „Vielleicht. Aber offensichtlich werden die Kosten einer Einigung – die ja theoretisch weltweit stattfinden müsste – als höher eingeschätzt als ihr Gewinn. Also bleibt es dabei. Es ist sicher sinnvoll, wenn wir uns jetzt schon die jeweiligen Anleitungen besorgen, dann können wir bei den einzelnen Themen zum wissenschaftlichen Arbeiten vorab gucken, welche spezifischen Regeln für unsere Abschlussarbeiten gelten, und eventuell auch Fragen klären. – Aber das war nur ein erster Schritt zu den notwendigen Informationen. Uns wurde auch geraten, die Literatur zu solchen Anleitungen mal zu sichten und zu entscheiden, welches Buch uns gut gefällt, damit wir Sonderfragen klären können. Und dann wurden wir noch auf einige Internetseiten hingewiesen, die auch hilfreich sein können. Eine davon hat mich wirklich verblüfft: Es wurde tatsächlich ausdrücklich auf **YouTube** verwiesen."

„Ach nee – sind da dann Filmchen zu sehen, wie ein Student am Schreibtisch sitzt und über seiner Arbeit brütet?" Kevin grinste. „Quatsch, das würde wohl kaum helfen. Aber wenn du zum Beispiel auf der Seite mal nach dem Wort ‚Fußnoten' suchst, findest du für mehrere Textverarbeitungsprogramme gute Anleitungen. Und eine Suche nur nach dem Ausdruck ‚wissenschaftliches Arbeiten' ist wegen des großen

Angebots mit über 800 Treffern tatsächlich schon zu ungenau, um problembezogene Hilfe zu finden." „Hätte ich ja nicht gedacht! Das probiere ich nachher noch aus!" „Cool, das macht bestimmt mehr Spaß, als trockene Anleitungen in Büchern zu lesen!" „Stimmt, aber es ist auch eine Gefahr damit verbunden, vor der wir gewarnt wurden: Man kann sich in allen diesen Anleitungen ziemlich verlieren. Und dann verwendet man viel Zeit darauf, die ‚richtigen' und ‚wichtigsten' Anleitungen zu finden, anstatt schon seine Arbeit zu schreiben. Also Vorsicht ...!"

4 Zeitplanung

„Heute bin dann ja wohl ich dran, denn wir hatten diese Woche den ersten Termin“, meinte David, als sie am nächsten Freitag wieder zusammensaßen. „Habt ihr in eurem Blockkurs die Zeitplanung gehabt, Annkathrin?“ „Ja, kurz. Wir haben eigentlich nur durchgesprochen, was für Arbeitsschritte insgesamt zu tun sind, und wie man die Dauer dieser einzelnen Schritte einschätzt.“ „In meinem Buch steht auch ein bisschen was dazu“, sagte Nora. „Okay, dann könnt ihr ja ergänzen, wenn bei meiner Zusammenfassung noch etwas fehlt. Bei uns wurde eine Methode zur Zeitplanung vorgestellt, die man die **Alpen-Methode** nennt. Hat aber nix mit den Bergen zu tun, das ist ein Akronym.“ „Und was bitte ist das?“, wollten die anderen wissen. „Musste ich auch erst nachgucken. Ein Akronym ist ein Wort, das aus den Anfangsbuchstaben anderer Wörter gebildet wird. Hier sind es die Anfangsbuchstaben der einzelnen Planungsschritte. Das

A steht für ‚**Aktivitätenliste aufstellen**‘, das

L für ‚**Lage und Dauer der Aktivitäten schätzen**‘, das

P für ‚**Pufferzeiten einplanen**‘, das

E für ‚**Erledigen**‘ und das

N für ‚**Nachkontrolle**‘.

Pufferzeit ist übrigens ein Begriff aus der Netzplantechnik. Das ist die Zeit, um die ich eine Aktivität verschieben kann, ohne den Endzeitpunkt zu gefährden.“

Arbeitsschritte des wissenschaftlichen Arbeitens

„Wir haben dann zuerst mal überlegt, welche ‚Aktivitäten‘, also einzelne Arbeitsschritte, für unsere Abschlussarbeit notwendig sind. Das ist jetzt teilweise natürlich auf die Vorgehensweise bei meinem Professor bezogen. Wir bekommen eine Art Oberthema, auch ‚Dachthema‘ genannt. Dazu gibt es zwei oder drei Literaturhinweise, mit denen wir uns in die Thematik einarbeiten sollen. Dabei ergeben sich wohl automatisch verschiedene Fragestellungen, von denen wir uns eine als eigentliches Thema der Arbeit aussuchen sollen. Das wird dann mit dem Betreuer besprochen und endgültig formuliert, bevor die Arbeit dann beim Prüfungsamt angemeldet wird. Daraus ergeben sich einige Arbeitsschritte, die bei euch vielleicht nicht in dieser Form relevant sind. Die Liste für meinen Zeitplan habe ich euch aber mal mitgebracht:“

Tipp!

Zeitplanung

[1] angegebene Literatur suchen und lesen
[2] Definitionen klären
[3] Absprache mit Betreuer zur endgültigen Themenfestlegung
[4] weitere Literatur zum Thema suchen
[5] Literatur lesen
[6] Gliederung erstellen
[7] Text verfassen
[8] Korrekturen
[9] weitere Formalien (Verzeichnisse erstellen, Silbentrennung, Seitenlayout etc.)
[10] kopieren, binden, abgeben

„Stimmt, die Liste sah bei uns ein bisschen anders aus, aber nur am Anfang“, meinte Annkathrin. „Das war in meinem Kurs mehr allgemein, welche Arbeitsschritte überhaupt vorkommen können. Bei manchen Professoren darf man zum Beispiel ein Thema auch selbst wählen und dann vorschlagen. Dann kommt der Arbeitsschritt **‚Themensuche‘** dazu – in deiner Liste ist das ja nur die Einschränkung auf die konkrete Fragestellung. Und manchmal muss man innerhalb der ersten Tage nach der Themenfestlegung ein **Exposé** erstellen. Das gibt eine zusätzliche Aktivität, außerdem muss der Arbeitsschritt 4 mehrfach auftauchen – denn in so einem Exposé wird meist eine Grobgliederung verlangt, und dazu muss man schon ein bisschen Einblick in die Literatur haben. Das wurde uns zumindest geraten.“

„Du sprichst da etwas an, was bei uns ohnehin sehr betont wurde: Einzelne Arbeitsschritte können und sollen auch **mehrfach** auftauchen“, erwiderte David.

„Viele machen wohl den Fehler, die einzelnen Aktivitäten nacheinander abzuarbeiten. Das ist aber nicht wirklich sinnvoll, viele Dinge können und sollten parallel erledigt werden. Zum Beispiel sollte man schon anfangen, die Literatur zu lesen, bevor man alle notwendigen Literaturquellen in der thematischen Literatursuche gefunden hat. Und es ist normal, dass man sogar während des Schreibens noch feststellt, dass der eine oder andere Aspekt noch nicht genug mit Literatur belegt ist. Dann

muss man unter Umständen am letzten Tag der Abschlussarbeit nochmal thematisch suchen, nur eben für ein Detail, was man bisher nicht berücksichtigt hat. Daher werden wir wohl an den einzelnen Arbeitstagen während unserer Abschlussarbeit meist mehrere verschiedene Teilarbeiten erledigen. Wir haben übrigens dazu, wie sich die einzelnen Arbeitsschritte gegenseitig beeinflussen, eine Abbildung bekommen. Guckt mal hier.“

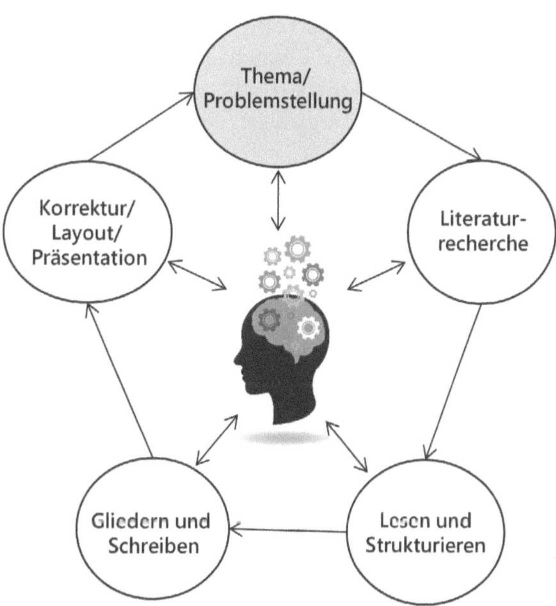

Abb. 1: Arbeitsprozess ist nicht linear!

„Das ist doch eigentlich eine Hilfe, oder? Ich jedenfalls kann besser arbeiten, wenn ich die Aufgaben zwischendurch mal wechseln kann“, meinte Nora. „Genau!“, sagte David. „Darauf wurde im Kurs sehr viel Wert gelegt. Wir wurden aufgefordert, unseren **eigenen Arbeitsrhythmus** zu finden, festzustellen, wann wir was am besten erledigen. Offensichtlich gibt es Menschen, die mitten in der Nacht prima Texte schreiben können, aber tagsüber auf den leeren Bildschirm starren wie das Kaninchen auf die Schlange. Und andere sind offensichtlich die totalen Frühaufsteher und arbeiten von 6 bis 15 Uhr durch. Ich kann zwar beides nicht nachvollziehen, aber ich kenne so etwas noch vom Lernen für Klausuren – manche Tageszeiten waren da einfach besser geeignet als andere.“

„Mir erscheint deine Aufgabenliste aber ziemlich grobschrittig", sagte Nora. „In meinem Buch wird geraten, mit einzelnen Tagen oder sogar halben Tagen zu planen und mehr Details einzubeziehen. Ich könnte mir vorstellen, dass das übersichtlicher ist." „Stimmt", meinte David. „Aber es geht ja auch noch weiter. Zuerst ist es sicher schwierig, die Teilaufgaben so detailliert darzustellen. Ich weiß doch beispielsweise am Anfang noch gar nicht, in welchem Kapitel ich wie viele Abbildungen einfügen muss. Wenn ich eingearbeitet bin, kann ich den Zeitplan verfeinern und eben solche Arbeitsschritte zusätzlich einfügen. Zu Anfang reicht eine Grobplanung, die wochenweise die groben Teilaufgaben zuordnet. Bei der **Nachkontrolle** werden dann immer wieder die noch nicht erledigten Arbeiten auf den Rest der Zeit verteilt und das kann dann auch mit immer kleinschrittigeren Aufgabenlisten erfolgen. – Aber jetzt haben wir den letzten Teil der Planung vorgezogen."

Zeitdauer und Lage der einzelnen Arbeitsschritte

„Wir waren ja eigentlich erst bei dem L der ALPEN: Schätzung der Länge, der **Zeitdauer der einzelnen Aktivitäten**. Auch dazu haben wir eine Reihe von Tipps bekommen. Verblüfft hat mich, dass der erste Tipp ausgerechnet war, **ausreichend Freizeit** einzuplanen. Zum einen sind zwei halbe oder ein ganzer Tag Pause pro Woche absolut notwendig, wenn die Produktivität hoch sein soll. Es ist offensichtlich gar nicht so gut, 12 Stunden pro Tag an sieben Tagen pro Woche am Schreibtisch zu sitzen – wie es uns zu den Klausurzeiten immer schien. Ich jedenfalls hatte immer ein schlechtes Gewissen, weil ich das nicht geschafft habe. Das war sicherlich nicht produktivitätsfördernd ... Und zum anderen wurde uns geraten, an unabdingbare, feste Termine zu denken, auch im privaten Bereich – etwa runde Geburtstage in der Familie oder so. Ärger mit der Familie wegen Fehlens bei einer Feier senkt die Produktivität nämlich auch!" „Oh, da erinnerst du mich an was." Kevin unterbrach David plötzlich. „Meine Großmutter wird mitten in der Bearbeitungszeit 70 Jahre alt – da bin ich sicher ein verlängertes Wochenende in Norddeutschland. Stimmt, das sollte ich bei der Zeitplanung berücksichtigen. Viel werde ich in den Tagen nicht tun können." „Ja, um genau diese Termine geht es", sagte David. „Wenn man solche Zeiten rechtzeitig berücksichtigt, kommt man weniger in Zeitdruck.

Als nächstes ging es um die **Literaturrecherche**. Wir haben das ja noch nicht gelernt, müssen also noch Erfahrungen sammeln. Daher wurde betont, dass wir diesem Arbeitsschritt ausreichend Zeit einräumen sollten. Allerdings wurde gleichzeitig vor der Gefahr gewarnt, zu viel Literatur anzuhäufen. Wenn man sich drei dicke Stapel Papier zusammenkopiert bzw. ausdruckt, kann man davon ausgehen, dass zwei davon ungelesen bleiben, weil die Zeit nicht reicht. Nach Murphys Gesetz sind aber die besten Literaturquellen dann immer im dritten Stapel ganz unten, werden also nicht mehr gelesen. Und solche Stapel machen uns ein schlechtes Gewissen, weil wir dieses viele Zeug ja eigentlich noch komplett lesen müssten. Ein schlechtes Gewissen, wie schon gesagt, finde ich aber nicht produktivitätsfördernd." „Oder man liest viel zu flüchtig", warf Annkathrin ein. „Dann überliest man bestimmt die wichtigsten Punkte." „Stimmt", sagte Kevin. „Das ist mir bei der Facharbeit damals passiert. Da habe ich viel zu spät mit dem Lesen angefangen und zwei Sachen komplett missverstanden. Meine Note hinterher war wohl reine Gnade ..."

„Aber wie verhindert man diese Bildung von riesigen Papierstapeln?", fragte Nora. „Gerade wenn man sich in ein Thema einarbeitet, erscheint doch fast alles interessant. Ich kann mir schon vorstellen, dass ich dann aus Vorsicht eher zu viel als zu wenig ausdrucke oder kopiere." „Dazu gab es bei uns im Kurs zwei Hinweise", antwortete Annkathrin. „Der erste bezog sich auf Selbstdisziplin. Wir sollten einfach unsere **Lesefähigkeiten realistisch einschätzen**. Wenn ich nicht mehr als 30 Seiten pro Tag lesen und bearbeiten kann, dann sollte ich diese Zahl mit der Anzahl Tage multiplizieren, die ich für das Lesen vorgesehen habe. Und dann einfach diszipliniert nur das berücksichtigen, was wirklich zum Thema gehört. Wenn ich mir bei einigen Artikeln unsicher bin, kann ich zumindest die, die ich online als PDF-Datei finde, in einen separaten Ordner kopieren, möglichst mit sprechenden Dateinamen. Dann finde ich die Artikel im Notfall ohne große Suche wieder." „Klingt sinnvoll. Und der zweite Hinweis?" „Der gehört hier eigentlich noch nicht hin. Ich berichte euch gerne beim Thema ‚Zitierfähigkeit' genauer darüber. Es gibt **Ranglisten von Zeitschriften**, die es ermöglichen, besonders wichtige von weniger wichtigen Artikeln zu unterscheiden. Bücher übrigens braucht man nur wenige, wenn überhaupt – wir brauchen also keine Angst zu haben, mehrere Bücher in der kurzen Zeit durchlesen zu müssen."

„Okay", fuhr David fort.

*„Der nächste Tipp bezog sich auf **Korrekturen**. Uns wurde dringend geraten, mit anderen zusammenzuarbeiten und gegenseitig **Korrektur zu lesen**. Dabei sollte mindestens eine Person ein bisschen was vom Thema verstehen, um festzustellen, ob der ‚rote Faden' eingehalten wird. Und eine weitere Person sollte ausschließlich das Deutsch überprüfen – Stil, Rechtschreibung, Zeichensetzung. Ich wusste vorher gar nicht,*

Zeitplanung

wie viel Wert manche auf diese Aspekte legen – uns wurde bis zu einer ganzen Note Abzug angekündigt, falls sich solche Fehler häufen."

„Ja, das habe ich auch in meinem Buch gelesen. Also – ich sage euch schon einmal zu, dass ich Eure Arbeiten sprachlich überprüfe. In Deutsch hatte ich immer gute Noten, auch in Grammatikarbeiten." „Cool, danke!" „Wir sollten vielleicht wirklich einfach jeder die drei anderen Arbeiten lesen. Sechs Augen sehen vermutlich immer noch mehr als vier." Kevins Vorschlag wurde einstimmig angenommen. Wozu hatte man sich schließlich als Team zusammengetan?

„Einen letzten Tipp gab es", sagte David. „Wir sollten uns rechtzeitig darum kümmern, wo wir die Ausdrucke **kopieren und binden lassen**. Schließlich ist das das erste selbstverfasste Buch, da ist es schon sinnvoll, einen Einband auszusuchen, der nicht nur die Anforderungen des Prüfungsamtes erfüllt, sondern einem auch noch gefällt. Es wurde geraten, wenn man merkt, dass man nicht mehr lesen oder schreiben kann, einfach mal einen Spaziergang zu machen und Copyshops und Buchbindereien abzuklappern. Die Angebote sind ziemlich unterschiedlich, nicht nur im Aussehen der Einbände, sondern z.B. auch in der Bearbeitungszeit. Wenn man sich rechtzeitig informiert, weiß man sofort, wohin man gehen kann und was man sich ausgesucht hat, falls es am Schluss zeitlich eng wird. Manche Einbände sind schon in wenigen Stunden fertig, andere brauchen mehrere Tage."

„Gut, ich fasse mal zusammen:

Tipp!

- Genügend Freizeit einplanen,
- ausreichend Zeit für die thematische Literatursuche vorsehen,
- nicht zu viel kopieren und ausdrucken,
- gegenseitig die Arbeiten korrigieren und
- rechtzeitig um einen Einband kümmern.

Jetzt haben wir viele Hinweise zu diesem L der ALPEN-Methode gehört, aber so richtig praktisch umgesetzt noch nichts. Wie viel Zeit muss ich denn nun beispielsweise für das Schreiben einplanen?", fragte Kevin. „Richtig, mit diesen Hinweisen muss man sich jetzt jeden einzelnen Arbeitsschritt vornehmen und die voraussichtliche Zeitdauer und die

Lage schätzen, also wann genau der einzelne Schritt eingeplant wird. Manches muss ja erledigt sein, bevor man die nächste Aktivität anfängt. Vor der genauen Festlegung des Themas beispielsweise kann ich noch nicht gezielt Literatur zum Thema suchen. Andere Arbeitsschritte können parallel laufen. Wenn man meint, dass die jeweilige Aktivität mehrfach auftauchen wird, kann man das in der Liste kennzeichnen. Bei mir sieht das so aus:"

Tipp!

[1] angegebene Literatur suchen und lesen – 1 Tag
[2] Definitionen klären – 1 Tag
[3] Absprache mit Betreuer zur endgültigen Themenfestlegung – 1/2 Tag
[4] weitere Literatur zum Thema suchen – 5 x 1 Tag
[5] Literatur lesen – 6 x 2 Tage
[6] Gliederung erstellen – 2 Tage + 1 Tag Überarbeitung
[7] Text verfassen – 14 Tage
[8] Korrekturen – 7 Tage
[9] weitere Formalien (Verzeichnisse erstellen, Silbentrennung, Seitenlayout etc.) – 2 Tage
[10] kopieren, binden, abgeben – 1 Tag

„Und wie kommst du jetzt auf die Zeitdauern?", fragte Kevin. „Das sind in diesem Stadium nur grobe Schätzungen, noch mit relativ viel Pufferzeit und Freizeit. Und auch hier wurde betont, dass man sich gut selbst kennenlernen muss. Noch weiß ich z.B. nicht, wie schnell ich Texte verfassen kann. Manche brauchen wohl einen ganzen Tag für eine Seite Text mit allen Fußnoten, andere schaffen zwei oder drei Seiten an einem Tag. Wir sollen 25 Seiten schreiben, und ich bin mal von ungefähr zwei Seiten pro Tag ausgegangen. Bisher fiel mir das Schreiben nicht so schwer. Aber da kann man natürlich auch vorsichtiger vorgehen und mehr Zeit einplanen. Für die Korrekturen wollte ich wenigstens ein paar Tage vorsehen, damit ich niemandem meine Arbeit in die Hand drücken muss mit der Verpflichtung, sie mir einige Stunden später zurückzugeben. Dann wird nämlich niemand gründlich lesen." „Guter Gedanke, das wird uns helfen!" „Außerdem baut uns das ein bisschen Zeitdruck auf, rechtzeitig fertig zu werden. Das hilft vielleicht, den ‚inneren Schweinehund' zu überwinden ...!"

„Ehrlich gesagt, sehr übersichtlich und einfach finde ich deine Liste noch nicht“, meinte Kevin. Jetzt kann ich zwar schon sehen, wie lange ich für die einzelnen Schritte wohl in etwa brauche, aber das eigentliche L, die Lage im Zeitplan, ist immer noch unklar. Habt ihr dazu eine Idee?“ „In meinem Buch stand etwas, was ich ganz hilfreich fand“, meinte Nora. „Man sollte sich eine senkrechte Fläche, wie etwa eine Tür, für die genaue Planung suchen. Dann schreibt man die einzelnen Arbeitsschritte auf Post-its®, vielleicht sogar in verschiedenen Farben und Formen, und sortiert sich das anschaulich auf dieser Fläche. Das hat noch einen Motivationseffekt: Am Anfang sind das meist ja ganz viele Post-its®, aber immer, wenn etwas erledigt ist, kann man den Zettel abnehmen und wegwerfen. Man sieht also so richtig, dass man etwas geschafft hat.“ „Das klingt fast ein bisschen wie Mindmapping“, sagte Annkathrin. „Die Methode wurde uns im Kurs zur Strukturierung des Themas empfohlen, aber für die Zeitplanung geht es bestimmt auch. Übrigens sogar am PC!“ „Der Tipp, den wir bekommen haben, ist, glaube ich, sogar noch einfacher umzusetzen“, sagte David.

*„Uns wurde geraten, einfach ein **Koordinatensystem** oder eine **Tabelle** zu nehmen. Die x-Achse bzw. Spaltenkennzeichnung ist dann die Zeitachse, auf der y-Achse oder als Zeilenkennzeichnung stehen die Nummern der einzelnen Arbeitsschritte. Und dann werden die Aktivitäten als Balken mit einer Länge, die der Zeitdauer entspricht, eingetragen. Wenn ein Arbeitsschritt mehrfach vorkommt, wird der Balken einfach entsprechend oft unterbrochen. Was allerdings mit keiner dieser Methoden ohne einen Kommentar an der Darstellung der Aktivität klappt: die Berücksichtigung der Pufferzeiten. Die Kennzeichnung muss ich zusätzlich vornehmen.“*

„Und wie sieht so ein Koordinatensystem dann aus?“ „Das aus dem Kurs habe ich euch mitgebracht. Wir haben mal mit neun Wochen Bearbeitungszeit gerechnet.“

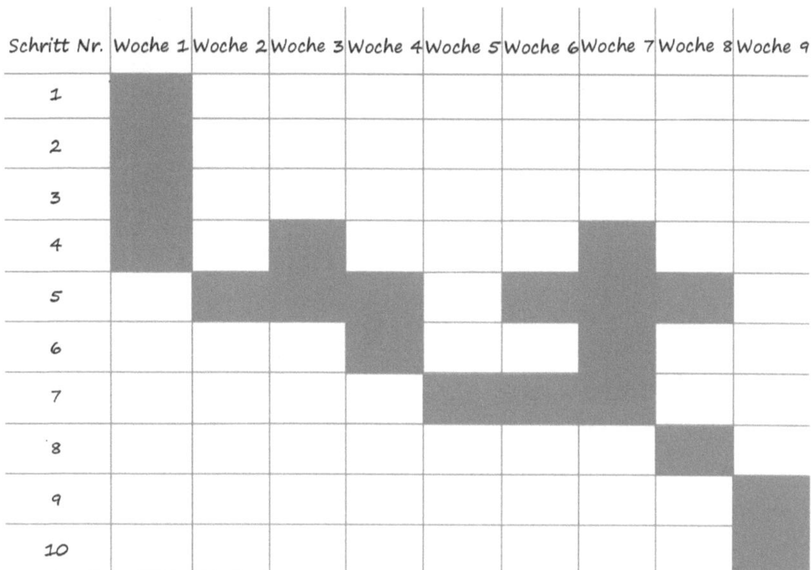

Abb. 2: Zeitplanung

„Das erscheint jetzt schon deutlich übersichtlicher – aber so ganz verstehe ich das noch nicht. Du hattest für den Schritt ‚Text verfassen‘ 14 Tage vorgesehen, der Balken ist aber drei Wochen lang. Wie passt das zusammen?“, fragte Nora. „Das liegt einfach daran, dass ich hier ja noch keine taggenaue oder gar stundengenaue Planung habe. Diese 14 Tage werden innerhalb der markierten drei Wochen liegen, aber andere Aktivitäten, wie etwa die Suche nach Literatur zu ganz bestimmten Teilaspekten oder die Überarbeitung der Gliederung, müssen ja parallel erfolgen.“ „Und bei der nächsten Nachkontrolle planst du dann mit kleineren Zeitabschnitten?“ „Genau. Übrigens noch ein Tipp: Wenn man die einzelnen Balken einträgt, fängt man immer vom Zeitpunkt der Abgabe an, **plant also vom Endzeitpunkt her**. Denn der ist fix; alle Arbeitsschritte müssen so geplant sein, dass dieser Zeitpunkt eingehalten wird.“

„Muss man denn jetzt immer mit so groben Zeitabschnitten anfangen und dann bei den Nachkontrollen immer detaillierter werden? Geht das nicht auch gleich mit kürzeren Zeitabschnitten?“, fragte Kevin. „Bestimmt“, meinte David, „aber ich stelle mir die Detailplanung gerade am Anfang ziemlich schwierig vor. Ich könnte mir vorstellen, dass man dann sehr viel Zeit in die Zeitplanung steckt, anstatt einfach mal mit dem anzufangen, was man schon weiß. Ich glaube, es ist einfacher, die

Details dann einzufügen, wenn sie sich aus dem Arbeitsfortschritt ergeben. – Hier ist übrigens noch als Zusammenfassung die Folie zur ALPEN-Methode, die in der Veranstaltung genutzt wurde:“

Tipp!

ALPEN-Methode

A → Aktivitätenliste erstellen

L → Länge und Lage der Aktivitäten schätzen

P → Pufferzeiten

E → Erledigen

N → Nachkontrolle

„Okay, die Zeitplanung müsste jetzt einigermaßen klappen“, meinte Nora. „Mit welchem Thema machen wir denn jetzt weiter, und wer übernimmt den nächsten Freitag?“ „Mein Kurs ist nächste Woche“, sagte Kevin. „Ich übernehme gerne den nächsten Termin, aber ich weiß noch nicht, welches Thema als nächstes wichtig wird. Annkathrin, was kam denn in eurem Kurs als nächstes dran?“ „Bei uns ging es dann um das Literaturverzeichnis und die Fußnoten. Ziemlich viele Regeln, ein sehr trockenes Gebiet. Wenn du das übernehmen würdest, wäre ich dir echt dankbar. Diese Formalien erinnern mich mit ihren vielen Details, die exakt eingehalten werden müssen, immer an Buchhaltung – und das war so gar nicht mein Lieblingsfach!“ „Echt nicht? Mir hat das Spaß gemacht – aber ich will ja auch ins Controlling. Okay, dann übernehme ich das Thema. Bis nächsten Freitag!“

5 Was ist beim Literaturverzeichnis zu beachten?

„Annkathrin, du hattest absolut recht. Trocken ist gar kein Ausdruck für diese Thematik!" Kevin raufte sich über seinen Notizen die Haare. „Ich will aber trotzdem versuchen, in diesen Wust von Regeln mal ein bisschen Klarheit zu bringen. Manches erscheint mir ganz einfach und logisch. Mal sehen, ob ich euch das erklären kann."

Aufgaben des Literaturverzeichnisses

„Zunächst ging es im Kurs um die **Aufgaben des Literaturverzeichnisses**. Eigentlich habe ich immer gedacht, es soll einfach die **verwendete Literatur übersichtlich zusammenfassen**. Aber das ist nur ein Aspekt des Ganzen. Im Rahmen der Prüfungssituation soll das Literaturverzeichnis zeigen, dass man **alle wesentliche Literatur zum Thema gefunden und verwendet hat**. Es spiegelt die **Auswahl der Literatur** und die **Qualität der Literatursuche** wider. Diese Aufgabe ist in unserer Prüfungssituation natürlich besonders wichtig. Generell muss ein Literaturverzeichnis den Menschen die Ehre geben, die die in einer Arbeit verwendeten Gedanken zuerst gedacht haben, also den **Urhebern der Ideen**, auf denen man in seiner Arbeit aufbaut. Das ist wohl die Hauptaufgabe eines solchen Verzeichnisses – sicher einer der Gründe, warum es, zumindest in den Wirtschaftswissenschaften, fast immer alphabetisch nach den Autoren sortiert ist. Und in der Zukunft muss jeder, der dieses Literaturverzeichnis liest, in der Lage sein, die **angegebene Quelle eindeutig zu identifizieren und wiederzufinden**. Das ist der Grund für viele Regeln, wie die Literatur zu verzeichnen ist, also welche Angaben gebraucht werden."

„Wenn anhand des Literaturverzeichnisses die Literaturauswahl überprüft wird, dann müssen wir es wohl ziemlich sorgfältig gestalten und zum Schluss möglichst nochmal überarbeiten, oder?", fragte David. „Wir haben diese Woche gehört, dass der Stand der Literatur zum Zeitpunkt der Abgabe der Arbeit zugrunde gelegt werden muss. Das bedeutet also ‚feilen' bis zum letzten Tag, wenn ich das richtig sehe." „Ja", sagte Annkathrin, „das klang bei uns im Kurs genauso. Beim Thema ‚Thematische Literatursuche' kann ich euch sicher dazu noch ein paar Tipps geben. Das kam in unserem Kurs sehr ausführlich dran. – Aber jetzt erst mal weiter, Kevin. Welche Regeln für das Literaturverzeichnis wurden bei euch durchgesprochen?"

Grundsätzliche Regeln für das Literaturverzeichnis

„Unsere Professorin ist ziemlich liberal. Sie hat uns eine Art ‚Schnittmenge' vieler möglicher Regelwerke gezeigt und auf Gestaltungsmöglichkeiten hingewiesen. Wichtig war ihr vor allem der Aspekt der **Einheitlichkeit**. Zu jeder Literaturquelle gehören, je nach ihrer Art, bestimmte Angaben. Diese sollen wir in einheitlicher Reihenfolge und mit einheitlicher Zeichensetzung darstellen. Ich habe die Beispiele und die Einzelangaben mal sortiert und versucht, eine Übersicht daraus zu machen. Hier ist sie:"

Tipp!

Für alle Quellen

[1] Verfasserangabe: Bis zu drei Verfasser werden vollständig mit ihren Nachnamen und mindestens einem ausgeschriebenen Vornamen angegeben. Bei mehr als drei Verfassern wird nur der erste angegeben, alle weiteren werden durch „u.a." ersetzt. Wenn keine Verfasserangabe zu finden ist, schreibt man „o.V." – ohne Verfasserangabe.

[2] Titel und ggf. Untertitel

Für Bücher, die keine Unterscheidung der Beiträge verschiedener Verfasser haben, geht es weiter mit:

[3] Mindestangaben: Verlagsort und/oder Verlag, außerdem das Erscheinungsjahr

[4] Zusätzliche Angaben, wenn nötig, beispielsweise: Serienangabe mit Bandnummer, Auflagenangabe ab der zweiten Auflage in der Fassung, wie sie im Buch steht, bei Dissertationen die Angabe „Diss." und den Universitätsort, ggf. ein vom Erscheinungsjahr abweichendes Jahr der Dissertation, bei Festschriften und Kongressschriften der im Buch angegebene Vermerk

Für Bücher mit Beiträgen verschiedener Verfasser, also einzelnen Aufsätzen:

Hier beziehen sich die Angaben aus [1] und [2] auf den einzelnen Beitrag!

[3] Die Angaben zum Buch werden nach dem Wort „in:" angeschlossen. Zusätzlich zu den oben in 3) und 4) genannten Angaben werden vorab der Titel des Buches und sein(e) Heraus-

geber genannt. Am Schluss der Literaturangabe stehen immer Anfangs- und Endseite des einzelnen Beitrags.

Achtung!

Das Buch als Ganzes ist im Literaturverzeichnis nicht zu finden, nur immer der verwendete Aufsatz als Teil des Buches!

Für Zeitschriftenartikel:

Auch hier beziehen sich die Angaben aus [1] und [2] auf den einzelnen Artikel!

[3] Titel der Zeitschrift, Bandnummer, Jahr, Heft und Seitenzahlen des Artikels

Für Internetquellen:

[3] URL der Internetseite und Datum des Abrufs

Achtung!

Wenn man im Internet ein Buch, einen Aufsatz aus einem Buch oder einen Zeitschriftenartikel in einem Format gefunden hat, das eine exakte Abbildung der Seite im gedruckten Original darstellt, wird die Literaturangabe wie die zum gedruckten Original formuliert. Es wird nicht auf die Onlinequelle hingewiesen!

„Das kommt mir sehr bekannt vor", warf Annkathrin ein. „So ähnlich sah das bei uns im Kurs auch aus, nur mit mehr Detailangaben. Ich finde das bei dir schon recht übersichtlich. Aber ein paar Beispiele würden mir, glaube ich, noch besser weiterhelfen."

„Also – ich stehe an einigen Stellen noch ein bisschen auf dem Schlauch. Was versteht man denn erst mal unter einem ‚Buch mit Beiträgen verschiedener Verfasser'?", fragte David. „Da gibt es ganz verschiedene", antwortete Kevin.

*„**Festschriften** zum Beispiel, bei denen frühere oder auch gegenwärtige Mitarbeiter eines Professors ihm zum runden Geburtstag jeweils einen Aufsatz aus seinen Forschungsgebieten schreiben, die dann in einem Buch zusammengefasst werden. Oder **Kongressschriften**, in denen man die Vorträge von Tagungen findet. Aber auch **Handwörterbücher**, **Lexika** und andere **Nachschlagewerke** sind solche Bücher. Bei denen ist manchmal die Ermittlung des Verfassers für einen Einzelartikel recht schwierig oder sogar unmöglich – wenn zum Beispiel nur ganz allgemein eine Liste der Autoren ohne Zuordnung zu*

den einzelnen Stichworten angegeben ist. Aber für solche Fälle gibt es ja diese Abkürzung ‚o.V.'. Ich habe übrigens mal in ein Literaturverzeichnis einer Doktorarbeit geguckt – da standen ganz viele ‚o.V.'s! – Übrigens: Damit wir uns einige Beispiele angucken können, habe ich euch die Literaturliste mitgebracht, mit der wir das Erkennen der Literaturquellen geübt haben."

Beispiel!

[1] Ebster, Claus/Lieselotte Stalzer: Wissenschaftliches Arbeiten für Wirtschafts- und Sozialwissenschaftler. 3., überarbeitete Auflage. UTB: Wirtschaftswissenschaften, Sozialwissenschaften, Bd. 2471. Wien: Facultas, 2008

[2] o.V.: Das Literaturverzeichnis. URL: http://www.wissenschaftliches-arbeiten.org/hausarbeit/aufbau/das-literaturverzeichnis.html, Abruf am 13.04.2013

[3] Rogelberg, Steven G./Marisa Adelman/David Askay: Crafting a Successful Manuscript: Lessons from 131 Reviews, in: Journal of Business and Psychology 24 (2009), 2, S. 117-121

[4] Rost, Friedrich/Joachim Stary: Schriftliche Arbeiten in Form bringen: Zitieren, belegen, Literaturverzeichnis anlegen, in: Norbert Franck/Joachim Stary (Hrsg.): Die Technik wissenschaftlichen Arbeitens: Eine praktische Anleitung. 16., überarbeitete Auflage. UTB: Schlüsselkompetenzen, Kernkompetenzen, Bd. 724. Paderborn: Schöningh, 2011, S. 179-195

[5] Voss, Rödiger: Wissenschaftliches Arbeiten ... leicht verständlich! 2., überarbeitete und korrigierte Auflage. UTB: Schlüsselkompetenzen, Bd. 8447. Konstanz/München: UVK, 2011

Regeln für die Angabe von Autoren und Herausgebern

„Du hast doch vorhin etwas von Einheitlichkeit gesagt. Mir fällt hier aber auf, dass bei mehreren Autoren mal der Nachname, mal der Vorname zuerst genannt ist. Das ist doch dann uneinheitlich?", fragte Nora.

„Jein! Dafür gibt es tatsächlich zwei verschiedene Regeln. Manche sagen, dass alle Namen gleich aussehen sollen, so dass immer die Reihenfolge Nachname/Vorname im Literaturverzeichnis stehen soll. Andere möchten grundsätzlich die Reihenfolge Vorname/Nachname, mit der Ausnahme des ersten Autors: Nach seinem Nachnamen wird das Literaturverzeichnis sortiert. Wichtig ist aber, dass das komplett einheitlich gehandhabt wird. Wenn einmal der zweite Autor in der Reihenfolge Vorname/Nachname angegeben ist, muss es immer so sein. Ein Wechsel innerhalb des Literaturverzeichnisses ist nicht möglich."

„Aber bei der vorletzten Quelle sind beide Namen in der Reihenfolge Vorname/Nachname. Das wäre doch dann auch wieder nicht einheitlich?", wunderte sich David. „Stimmt, da sind zwei Namen in dieser Reihenfolge. Das aber sind nicht die Autoren – die stehen am Anfang der Quellenangabe. Namen nach dem ‚in:' sind in der Regel die **Herausgeber** des Buches, in dem ein Aufsatz erschienen ist. Manche Literaturverzeichnisse lassen übrigens dieses Wort ‚in:' weg – dann kann man sich merken, dass Namen, die nach einem Titel ohne besondere Kennzeichnung wie etwa ‚Festschrift für' auftauchen, immer Herausgeber sein müssen. Denn auch der Zusatz ‚Hrsg.' fehlt manchmal. Und die Reihenfolge der Angaben wird in einigen Anleitungen ganz anders vorgeschrieben. Es könnte genausogut heißen:

‚Die Technik wissenschaftlichen Arbeitens: Eine praktische Anleitung. Hrsg. v. Norbert Franck/Joachim Stary.'

Dann heißt die Abkürzung ausgeschrieben ‚Herausgegeben von'."

„Da fällt mir noch etwas auf", sagte Nora. „Du hast darauf hingewiesen, dass die Vornamen ausgeschrieben sein sollen. Aber was ist mit ‚G.' in der dritten Quelle?" „Das ist ein zweiter Vorname – und der lässt sich ganz oft nicht ausschreiben, weil man, egal, wo man sucht, immer nur die Abkürzung findet. Der erste Vorname ist auch bei dem Autor ausgeschrieben, und ein Vorname reicht. Manche Professoren wollen sowieso alle Vornamen abgekürzt haben, aber für denjenigen, der später die Literaturquellen sucht, kann der ausgeschriebene Vorname eine Hilfe sein. Daher die Empfehlung.

Noch zwei andere Details zum Namen: **Akademische Titel** werden im Literaturverzeichnis grundsätzlich nicht genannt. Ob die Koryphäe aus der renommierten Universität einen Artikel geschrieben hat oder ob es ein ‚kleiner Student' war, ist hier völlig egal. Anders ist das bei **Adelsprädikaten**. Die gehören zum Namen und werden grundsätzlich nach dem Vornamen genannt. Aus ‚Lutz von Rosenstiel' wird im Literaturverzeichnis ‚Rosenstiel, Lutz von', aus ‚Friedrich Graf von Westfalen' wird ‚Westfalen, Friedrich Graf von'."

Regeln für Auflagenangaben

„Okay, das mit den Namen habe ich jetzt verstanden. Aber bei diesen Auflagenangaben scheint mir noch etwas nicht zu stimmen. Wieso ist beispielsweise zwischen ‚3.' und ‚überarbeitete' in der ersten Quellenangabe ein Komma? Ist das nicht falsch?", fragte David. „Nein! Eine ‚3. überarbeitete Auflage' ohne Komma würde bedeuten, dass es noch beliebig viele andere dazwischen geben kann, gezählt wurden nur die überarbeiteten Auflagen. Mit dem Komma ist aber klar, dass es die 3. Auflage überhaupt ist." Nora konnte sich noch an die Regeln zur Kommasetzung erinnern. „Aber warum reicht eigentlich nicht einfach die Angabe ‚3. Auflage'? Das ist doch eindeutig genug, oder?" Hier konnte Annkathrin helfen: „Eindeutig schon, aber für den Leser des Literaturverzeichnisses, der so eine Quelle finden will, ist der ausführliche Hinweis schon hilfreich. Wenn da etwas von ‚überarbeitet' steht oder so, dann weiß der Leser, dass er unbedingt die neue Auflage braucht. Wenn kein solcher Hinweis gegeben wird, könnte auch die Auflage davor ausreichen. Nicht immer haben alle Bibliotheken ja alle Auflagen eines Buches."

Regeln für Reihenangaben

„Neben der Auflagenangabe steht da noch eine Bandangabe bei mehreren Büchern. Was ist das denn?" „Diese Bücher sind Bände aus einer Reihe. Oft stellen Verlage mehrere Werke unterschiedlicher Autoren unter eine Art Überschrift. Das nennt man dann Serie oder Reihe. Dieses ‚Motto' kann man im Literaturverzeichnis nennen, als weitere erläuternde Angabe. Und man muss es nennen, wenn es innerhalb der Reihe Bandnummern gibt, so wie in den Beispielen oben. Man findet diesen Reihentitel und die Bandnummer meistens auf einer Extraseite im Buch vor der eigentlichen Titelseite. Ob vor der Bandnummer dann das Wort ‚Band', die Abkürzung ‚Bd.' oder gar nichts steht, ist wieder Sache der einzelnen Anleitung."

Regeln für Internetquellen

„Warum reicht eigentlich für diese Internetquelle nicht die URL?", fragte David. „Das wäre doch genauso eindeutig, und da keine Verfasserangabe gemacht wurde, kann auch, wie du so schön formuliert hast, niemandem die Ehre gegeben werden." „Aber das könnte ich ohne das ‚o.V.' doch gar nicht wissen, es könnte dann genauso gut sein, dass es einen oder mehrere Autoren mit Namensnennung gibt", antwortete Kevin. „Außerdem muss ohnehin der Titel angegeben werden. Bei Internetquellen gibt es übrigens sehr unterschiedliche Vorschriften. Manche Anleitungen verlangen noch eine Versionsangabe – die findet man manchmal ganz unten auf den Internetseiten, oft in der Formulierung ‚zuletzt bearbeitet am' mit einem Datum. Manche möchten die Uhrzeit des Abrufes sehen. Und andere verlangen von jeder Internetquelle einen Ausdruck."

*„Daher ist der Tipp, sich die **Anleitung frühzeitig zu besorgen**, extrem wichtig. Wenn ich erst nur die URL mitschreibe und dann feststelle, dass ich einen Ausdruck brauche, kann sich die Seite in der Zwischenzeit sehr geändert haben. Dann muss ich entweder meinen Text entsprechend umarbeiten oder ich kann die Quelle nicht mehr verwenden, da der Ausdruck ja ganz anders aussehen würde als das, worauf ich meine Ausführungen aufgebaut habe."*

„Wie sieht das eigentlich aus – muss ich alle Internetquellen nochmal überprüfen, ob sie auch am Tag der Abgabe noch unverändert verfügbar sind?" David guckte etwas skeptisch – der Aufwand erschien ihm recht hoch. „Nein, das ist nicht nötig. Dafür gibt man ja gerade das Datum des Abrufes an. Damit ist klar, dass man sich auf die Internetquelle in der Form bezieht, die sie an diesem Tag hatte. Eventuelle Änderungen, die ja bei den meisten Quellen nicht vorherzusehen sind, können dann auftreten, sind aber für die Arbeit nicht relevant. Allerdings: Wenn ich eine Seite gefunden habe, die beispielsweise sehr viele brandaktuelle Zahlen enthält und offensichtlich regelmäßig aktualisiert wird, dann sollte ich natürlich kurz vor der Abgabe nochmal gucken, ob ich noch eine neuere Zahl finde. Je aktueller die Angaben in meiner Arbeit sind, desto besser."

Regeln für Aufsätze

*„Zur nächsten Quelle, einem Zeitschriftenaufsatz, gibt es auch eine Menge zu sagen. Zunächst mal der Titel. Es gibt sage und schreibe vier verschiedene Regeln, wie man **englische Titel** in Literaturverzeichnissen schreiben kann – die sich natürlich auch auf Buch- und Zeitschriftentitel beziehen. Die erste entspricht der normalen englischen Rechtschreibung: alle Wörter klein, bis auf das erste natürlich. Die zweite besagt, dass alle sinntragenden Wörter großgeschrieben werden. Das ist die Regel, die in diesem Literaturverzeichnis angewendet wurde. Die dritte ist ein wenig merkwürdig, aber es gibt sie wohl wirklich: Alle Wörter mit mehr als drei Buchstaben werden großgeschrieben. Und die*

vierte – die sollte man wegen mangelnder Einheitlichkeit nur nehmen, wenn sie zwingend vorgeschrieben ist: Jeder Titel wird genau so geschrieben, wie er im Original stand, also mal nur Großbuchstaben, mal Kapitälchen, mal alles klein ...“

„Was sind denn Kapitälchen?“, unterbrach Nora. „Die sehen aus wie große Buchstaben, sind aber so groß wie kleine. Nur das erste Zeichen eines Wortes kann dann ein normaler Großbuchstabe sein“, antwortete David.

„Dann zu den Angaben hinter dem ‚in:‘“, fuhr Kevin fort. „Das sind der **Zeitschriftentitel**, die **Bandnummer**, das **Erscheinungsjahr**, die **Heftnummer** sowie **Anfangs- und Endseite des Aufsatzes**.“ „Da gibt es auch mehrere Varianten“, warf Annkathrin ein. „Manchmal muss man vor die Bandnummer noch ‚Band‘, ‚Bd.‘ oder ‚Vol.‘ schreiben. Letzteres steht dabei für ‚Volume‘. Das Jahr steht in manchen Anleitungen auch einfach nur in Kommata, aber manche Wissenschaftler unterscheiden gerade Zeitschriftenaufsätze von anderen Veröffentlichungen durch die Jahresangabe in Klammern. Und vor der Heftnummer kann auch noch etwas stehen, z.B. ‚Heft‘ oder ‚H.‘, manchmal auch ‚Is.‘ für Issue. Außerdem möchten einige Professoren nicht Anfangs- und Endseite, sondern die Anfangsseite und ‚ff.‘ – was übrigens ‚fortfolgende‘ heißt und immer auf mehrere Seiten hinweist, im Gegensatz zu ‚f.‘ – das heißt ‚folgende‘ und bezieht sich nur auf die unmittelbar folgende Seite. Das mit den Seitenangaben bezieht sich natürlich auch auf Aufsätze aus Büchern. Da sind aber die Angaben nach dem ‚in:‘ anders. Wenn ich nach dem ‚in:‘ einen Namen sehe, dann kann es sich nur um ein Buch handeln, denn das muss der Herausgeber des Buches sein. Bei einer Zeitschrift erscheint kein Name. Falls eine Auflagenangabe zu sehen ist, kann es auch keine Zeitschrift sein – Zeitschriften haben allenfalls Reprints, aber nie neue Auflagen. Das hilft aber erst bei der zweiten Auflage eines Buches, bei der ersten steht dazu ja keine Angabe.“

Regeln für Verlagsangaben

„Manches klärt sich ja langsam. Aber andere Dinge werden dafür immer verwirrender“, meinte David. „Lauter Varianten und Gestaltungsmöglichkeiten. Und wenn ich das richtig überblicke und mit den Aufzeichnungen aus meinem Kurs vergleiche, dann sind an unterschiedlichen Stellen auch noch verschiedene Satzzeichen möglich. Ich habe jetzt zwar die Beispiele nicht dabei, aber ich erinnere mich, dass bei uns zwischen Verlagsort und Verlag ein Komma stehen muss.“ „Und in meinem Buch steht, dass die Angabe des Verlages unüblich ist“, sagte Nora. „Könnte es sein, dass dein Buch älter ist?“, fragte Annkathrin. „Ja, warum?" „Weil man in Deutschland tatsächlich früher immer nur den **Verlagsort** bei Büchern geschrieben hat. Die Angabe des **Verlages** ist in vielen anderen Ländern aber die Norm. Und hier gibt es jetzt auch drei Möglichkeiten: Verlag, Verlagsort oder beides." „Verwirrend, sag ich doch!", warf David wieder ein. „Ich kann mir das alles nicht merken." „Brauchst du auch nicht!", erwiderte Kevin. „Wichtig ist, dass man von Varianten gehört hat – das hilft beim Interpretieren der Angaben, um zu wissen, wonach man sucht, wenn man so eine Quelle finden muss. Und ansonsten machst du alles einfach so, wie es in der Anleitung deines Professors steht. Da sind in der Regel für alle Fälle Beispiele drin. Und danach richtest du dich dann."

Regeln für die Sortierung

„Ich habe schon einmal kurz in die Anleitung geguckt – wir wurden beim ersten Termin darauf hingewiesen", sagte David. „Und da standen die Beispiele getrennt nach den einzelnen Arten von Literatur, also Bücher, Aufsätze aus Büchern, Zeitschriftenartikel. Kann es sein, dass das Literaturverzeichnis auch getrennt nach Literaturarten sortiert wird?" „Das gab es wohl früher mal, zumindest in manchen Fächern", sagte Annkathrin. „Heute ist das aber eher unüblich, in der Regel wird alles **alphabetisch nach dem Nachnamen des ersten Autors** sortiert. Wo es mal anders sein kann: wenn juristische Dinge eine Rolle spielen, also Gesetzestexte oder Gerichtsurteile. Aber von uns hier schreibt ja niemand bei Steuer- oder Wirtschaftsrecht." „Also, bei meiner Masterarbeit könnte mir das schon passieren – aber dann hoffe ich auf eine gute Anleitung des Professors!", entgegnete Kevin. „Wo du die Sortierung angesprochen hast: Die Regel mit dem Nachnamen reicht oft nicht aus. Banal ist natürlich, dass bei verschiedenen Autoren mit demselben Nachnamen nach dem **Vornamen** sortiert wird. Und bei mehreren Veröffentlichungen eines Autors ist dann das **Erscheinungsjahr** das Kriterium. Meist wird absteigend nach dem Erscheinungsjahr sortiert, also das Neueste zuerst. In der jeweiligen Anleitung kann es aber anders stehen – die Regelung geht natürlich wieder vor. Knifflig wird es, wenn ein Autor in einem Jahr fleißig ist und mehrere Veröffentlichungen hat, die man alle zitieren muss." „Da wurde uns gesagt, wir sollten dann hinter der Jahreszahl zur Kennzeichnung **Kleinbuchstaben** nehmen, also meinetwegen 2012a, 2012b usw.", sagte Annkathrin. „Stimmt – aber auch dafür brauchen wir ein Sortierkriterium. Die Zuordnung der Kleinbuchstaben darf nicht willkürlich sein." David hatte eine Idee: „Ganz einfach: Was immer in dem Jahr zuerst erschienen ist, bekommt das a." „Prima Idee – nur das weiß man in der Regel nicht. Nimm mal an, der eine Zeitschriftenaufsatz steht in einem Zeitschriftenheft, das

Literatur-
verzeichnis

mit ‚Spring' gekennzeichnet ist, und der andere ist in einem Heft vom März erschienen. Was war wohl zuerst?" „Stimmt, dann geht das nicht. Dann eben die Reihenfolge, in der ich im Text zitiere." „Das ist aber wieder sehr uneinheitlich. Besser: Veröffentlichungen eines Autors aus einem Jahr werden **alphabetisch nach dem Titel** sortiert. Das kann man nämlich nachvollziehen!"

6 Fußnoten und Belege im Text

„Okay, jetzt weiß ich, wie mein Literaturverzeichnis aussehen muss. Aber was ist mit **Fußnoten** oder **Belegen im Text**? Was ist besser? Und wie formuliere ich das?“ Nora wollte weitermachen, sie war nach einer anstrengenden Woche einfach müde. Aber auch der zweite Teil des Abends war wichtig – das war ihr schon bei dem Thema „Plagiate“ deutlich geworden. Kevin suchte in seinen Unterlagen. „Ah, hier sind meine Aufzeichnungen dazu. So habe ich das hinterher zusammengefasst:“

„Grundsätzlich: Alles, was nicht wirklich der eigene Gedanke ist, muss mit einem Hinweis auf die gelesene Literatur versehen werden. Jeder Absatz ohne Fußnote bzw. Beleg im Text heißt für einen Gutachter oder Leser, dass das die Eigenleistung ist. Und wenn in einem Absatz mehrere Gedanken aus verschiedenen Literaturquellen verarbeitet sind, müssen in der Fußnote oder im Text auch ***mehrere Quellen*** *angegeben sein. Je nach dem Aufbau des Absatzes kann er* ***auch mehrere Belege oder Fußnoten*** *erfordern.“*

„Stehen dann zwei Fußnotenzeichen am Ende des Absatzes – oder eben zwei Klammern mit Literaturangaben?“, fragte David. „Nein, auf keinen Fall. An einer Stelle immer nur eine Klammer oder nur ein Fußnotenzeichen. Es ist kein Problem, bei einem Hinweis mehrere Quellen zu nennen. Sie werden dann in der Regel durch ein **Semikolon** voneinander getrennt.“ „Und was muss in diesen Hinweisen stehen?“ „Das ist, je nach Anleitung, wieder ein bisschen unterschiedlich. Wichtig ist aber, dass die Angaben **eindeutig nur auf eine Quelle im Literaturverzeichnis hinweisen**. Üblich ist beispielsweise die Nennung des Autornachnamens, des Erscheinungsjahres und der Seitenzahl oder -zahlen, auf denen der zitierte Gedanke steht. Dabei kann wieder das Jahr beispielsweise durch Kommata oder durch Klammern abgetrennt werden. Manche Professoren möchten zusätzlich den abgekürzten Vornamen des Autors, manche statt des Jahres ein prägnantes Wort aus dem Titel. Ganz selten findet man die Vorschrift, statt der genauen Seitenzahlen nur die Anfangsseite und ein ‚ff.‘ zu schreiben. Das kann für den Leser, der das später nachvollziehen will, recht lästig sein – er weiß damit ja nicht, ob er drei oder zehn Seiten lesen muss.“ „Es gibt doch wörtliche und sinngemäße Zitate. Müssen die unterschiedlich aussehen?“, fragte

Nora. „Ja! Aber ganz wichtig ist: **Wörtliche Zitate** sind die **Ausnahmen**. Wir zitieren nur dann wörtlich, wenn eine Formulierung so gut ist, dass wir sie beim besten Willen nicht klarer auf unser Thema beziehen können. Das ist meist nur bei **prägnant formulierten Definitionen** der Fall. Wörtliche Zitate werden nur mit den schon genannten Angaben belegt. Da steht dann in der Fußnote oder in der Klammer im Text einfach nur ‚Meier, 2021, S. 25'. Und das Zitat steht im Text in Anführungsstrichen. Übrigens – wörtliche Zitate müssen genau so abgeschrieben werden, wie sie im Original stehen, auch bei alter Rechtschreibung, sogar bei Tippfehlern! Wenn nach heutiger Rechtschreibung etwas falsch geschrieben ist, kennzeichnet man das im wörtlichen Zitat mit einem dahintergestellten ‚[sic!]' oder ‚[!]' – das heißt dann für den Gutachter, dass diese Schreibweise aus der Quelle stammt und nicht etwa ein eigener Tippfehler ist.

***Sinngemäße Zitate** sind wirklich von uns **neu formuliert**, nicht nur in ein oder zwei Wörtern abgewandelt – sonst ist das wieder ein Plagiat!*

In der Fußnote oder in der Klammer steht dann einleitend meist ‚**vgl.**' – ‚vergleiche'. Hier unterscheiden sich die Inhalte von Fußnote und Klammer ein wenig. In der Fußnote muss das ‚vgl.' **großgeschrieben** werden, als Anfang einer Aufforderung. Da es sich um eine Aufforderung handelt, die Literatur nachzulesen, endet jede Fußnote auch mit einem **Punkt** – sie ist ein ganzer Satz. In der Klammer beginnt man natürlich klein, und am Ende vor der Schlussklammer steht kein Punkt." „Was mache ich eigentlich, wenn ich aus einem **englischen Text** zitieren will? Muss ich den übersetzen? Und ist das dann noch ein wörtliches Zitat?" David war schon deutlich geworden, dass in den Wirtschaftswissenschaften der größte Teil der Quellen englischsprachige Zeitschriftenaufsätze sind. „Also – hauptsächlich wird ja sowieso sinngemäß zitiert. Und dann hast du das Problem gar nicht. Wenn du wirklich mal ein wörtliches Zitat aus einer englischen Quelle brauchst, schreibst du in den Text die englische Formulierung des Originals in Anführungsstrichen. In der Regel ist keine Übersetzung nötig. Anders ist das bei anderen Sprachen, da sollte man die Übersetzung mitliefern, etwa in Klammern dahinter oder, besser, in einer Fußnote, in der man auch deutlich macht, dass man den Text selbst übersetzt hat. Das kann beispielsweise durch ‚Übers.: d. Verf.' geschehen – ‚Übersetzung: der Verfasser' heißt das ausgeschrieben." „Immer diese Abkürzungen!" „Stimmt, aber das spart auch Tipparbeit und Platz." Nora fand Davids Einwand nicht so wichtig. „Aber was mich ein bisschen stört, ist das ewige ‚Vgl.' am Anfang der Fußnoten. Kann man das nicht variieren?"

Hier schaltete Annkathrin sich ein: „Das kommt wieder auf die Anleitung des Professors an, bei dem man schreibt. Manche bestehen auf ‚Vgl.', manche lieben es gar nicht. Zum Teil wird empfohlen, **sprechende Fußnotenanfänge** zu verwenden. Wir haben im Kurs einige Beispiele gehabt, etwa ‚Ausführlicher dazu' oder ‚Anderer Meinung' oder so. Das ist aber wohl recht selten und sollte daher in der jeweiligen Anleitung entsprechend dargestellt sein."

„Ein letzter Punkt ist noch wichtig – bevor wir an diesem langen, trockenen Abend endlich zum gemütlichen Teil übergehen können." Auch Kevin war inzwischen müde geworden und hatte vom vielen Reden Durst bekommen. Das Nachbestellen der Getränke hatten sie alle über ihrer Diskussion vergessen.

„Die Formulierung der Fußnoten oder der Belege im Text wird oft im Literaturverzeichnis aufgegriffen. Wenn wir die Fußnotenformulierung von eben nehmen, ‚Meier, 2021, S. 25', dann steht am Anfang von der Literaturquelle im Literaturverzeichnis auch ‚Meier, 2021', meist gefolgt von einem Doppelpunkt, und erst dann kommt die vollständige Literaturangabe. Der Grund dafür ist übrigens, dass jemand, der eine Angabe im Text oder in der Fußnote gefunden hat, schnell die dazugehörige Quelle identifizieren können soll."

„Ich glaube, das habe ich schon einmal gesehen. Und das macht echt Sinn." David erinnerte sich an einen Aufsatz, den er einmal gelesen hatte.

Nora raffte sich noch einmal auf: „Sorry, aber das kann jetzt noch nicht der letzte Punkt gewesen sein. Meine Frage ist nämlich noch nicht beantwortet. Was ist denn nun besser – **Belege im Text** oder **Fußnoten**? Oder kann man das mischen?" „Also – mein Professor will Belege im Text haben. Fußnoten sind bei uns verboten, er sagt, das störe seinen Lesefluss", warf David ein. „Oh", sagte Kevin, „meine Professorin verbietet Belege im Text, weil sie den Lesefluss stören. Sie will nur Fußnoten." „Also – es gibt tatsächlich **drei Möglichkeiten**", sagte Annkathrin. „Wir haben im Kurs gelernt, dass oft nur Belege im Text erlaubt sind und Fußnoten verboten. Oder umgekehrt nur Fußnoten, keine Belege im Text. Und dann gibt es eine Mischform. Alle Literaturquellen werden als Belege im Text angegeben, Fußnoten dienen nur dazu, weitere Erläuterungen einzufügen, die nicht direkt in den Textzusammenhang passen, aber trotzdem sinnvoll sind. Da wurde ein Beispiel gegeben: Im Text wird die allgemein verwendete Definition dargestellt. Es gibt aber – ohne dass das für das eigentliche Thema von Belang wäre – eine Außenseitermeinung, die eine andere Definition vertritt. Dann kann es sinnvoll sein, in einer Fußnote auf diese Außenseiterdefinition hinzuweisen. Sie sollte dann sogar einen Literaturhinweis enthalten, der sich aber nur auf den Text der Fußnote beziehen darf." „Das heißt also, dass ich irgendeine hilfreiche, aber nicht unbedingt notwendige Erläuterung in so eine Fußnote setzen darf. Aber alles, was zum eigentlichen Thema gehört, muss auch im Text stehen?" „Genau. Aber Vorsicht, wie David schon sagte, manchmal sind Fußnoten ganz verboten, wenn Belege im Text vorgeschrieben sind. Und zu deiner Frage, Nora: Es gibt auch hier kein ‚besser' oder ‚schlechter'. Es kommt einfach nur darauf an, was deine Anleitung hergibt. Übrigens – manchmal stehen in solchen Anleitungen Hinweise, die für Ungeübte erst einmal nichts aussagen. ‚**APA-Style**', ‚**Chicago Style**' oder ‚**Harvard Style**' zum Beispiel. Das sind dann Vorschriften, die international bekannt sind. Nach ihnen kann man mit einer Suchmaschine suchen und kommt so zu den Erläuterungen. Manchmal gibt es dazu sogar freie Tutorials."

„Irgendwie habe ich den Eindruck, dass man bei seiner wissenschaftlichen Arbeit enorm viel falsch machen kann. Bisher hilft mir unsere Runde zwar, alle diese Probleme und verschiedene Lösungsmöglichkeiten zu sehen, aber sie macht mir auch Angst." Nora war wirklich nicht begeistert, und die anderen konnten ihre Bedenken verstehen. Aber Kevin meinte tröstend: „Du weißt doch – wir lesen alle Korrektur. Wir werden es schon schaffen, zumindest die offensichtlichen Fehler zu finden. Nur Mut! – Übrigens – wer macht mit welchen Themen weiter?" „Im Blockkurs kamen als nächstes die Katalogsuche und die thematische Literatursuche dran", sagte Annkathrin. „Wenn ihr wollt, kann ich das nochmal übernehmen." „Warum, bitte, soll ich Kataloge suchen?" Kevin wurde schon wieder sauer. „Nein, sorry, das war der Begriff, mit dem die Suche nach Literatur aufgrund von bekannten Literaturhinweisen gemeint ist. Die Suche in Bibliothekskatalogen eben." „Ach so, sag das doch gleich." „Hey, gute Idee – wir sollen bis zum nächsten Kurstermin übernächste Woche eine ganze Liste von Literaturquellen suchen. Das soll uns zeigen, ob wir so etwas schon können. Besprochen wird es erst danach. Da kann ich deine Tipps und Hinweise gut brauchen." „Wir können uns am nächsten Wochenende auch gerne mal in der Bibliothek treffen und gemeinsam suchen. Mir hilft die Übung auch! Aber erst will ich euch gerne dazu berichten."

Alle waren froh, dass sie die Unterlagen zur Seite legen konnten. Der „gemütliche Teil des Abends", wie Kevin gesagt hatte, war dann aber nicht mehr sehr lang ...

7 Situationen der Literatursuche

„Schon wieder Freitag – die Zeit rast einfach nur!", meinte Annkathrin, als sie leicht verspätet in der „Letzten Klausur" eintraf. „Sorry, dass ich zu spät bin, ich habe gerade noch jemanden getroffen und ausgequetscht, der letztes Semester bei meiner Professorin geschrieben hat. Mit einer guten Note – das lässt mich hoffen! Allerdings hat sie's mit der Einheitlichkeit der Formalien. Kevin, ich fürchte, du mit deinem Faible für Buchhaltung wirst dich sehr um die formalen Details unserer Arbeiten kümmern müssen!" „Schon klar. Nora für die Rechtschreibung, Grammatik, Zeichensetzung und den Stil, ich für die Formalien. Dann müsst ihr beide eben verstärkt inhaltlich kritisieren!"

Überblick

„So, jetzt aber zur Literatursuche. Da war der Kurs echt hilfreich. Bislang hatte ich mir die Homepage der Unibibliothek mit ihren vielen Angeboten zur Literatursuche noch gar nicht angeguckt. Und ich habe mir nie so richtig klar gemacht, was ein **Katalog** kann und was eben auch nicht. Und offensichtlich wissen das viele Betreuer auch nicht. Ich habe schon von anderen gehört, dass sie im Katalog thematisch suchen sollen. Das geht aber leider nur zu einem ganz kleinen Teil!" „Wieso das denn? Die bieten doch extra eine Schlagwortsuche, ich dachte, das wäre genau dafür?", wunderte sich David. „Stimmt. Aber man muss erst einmal verstehen, was man überhaupt in so einem Katalog finden kann. Das sind nämlich in erster Linie **Bücher**. Und wir haben ja schon festgestellt, dass wir nur wenige Bücher brauchen. Zeitschriften kann man auch finden – aber eben nur die Zeitschrift an sich, nicht den einzelnen Aufsatz, der darin steht. Die sind nämlich im Katalog in der Regel nicht oder, in manchen Bibliotheken, nur in Auswahl verzeichnet. Manche Kataloge bieten sogar die Möglichkeit, mit einer bestimmten Sucheinstellung oder -formulierung zusätzlich in mehreren **Datenbanken** (die sind nämlich für die Suche nach Aufsätzen zuständig) gleichzeitig zu suchen. Aber das ist immer nur eine Hilfe, ein Einstieg – die eigentliche, **umfassende thematische Literatursuche** findet in den **einzelnen Datenbanken** statt. Im Kurs haben wir zunächst die verschiedenen Situationen der Literatursuche besprochen. Fünf gibt es davon – hier ist die Folie:"

Tipp!

[1] Suche nach einem bestimmten Buch

Hier wird im Katalog mit wenigen Angaben gesucht, also beispielsweise Autornachname und ein Wort aus dem Titel oder mehrere Wörter aus dem Titel. Diese Suche ist auch notwendig, wenn ein Aufsatz aus einem Buch gesucht wird. Relevant sind dann die Angaben, die im Literaturhinweis nach dem ‚in:' stehen. Statt des Autornachnamens kann man den ersten Herausgebernachnamen verwenden oder wieder mehrere Titelwörter in das Suchfeld eingeben. Ziel: Wo steht das Buch – gedruckt oder online?

[2] Suche nach einem bestimmten Aufsatz in einer Zeitschrift

Hier wird wieder nur nach den Angaben gesucht, die nach dem ‚in:' in der Quellenangabe stehen. Dass der Aufsatz in dem Zeitschriftenband steht, weiß man ja aus diesen Angaben. Wieder ist das Ziel: Wo steht der Band – gedruckt oder online?

[3] Überblicksmäßige Suche zum Einstieg in ein Thema

Hier gibt es oft die Möglichkeit, mehrere Datenbanken gleichzeitig abzusuchen. Für einen Einblick in die aktuelle Literatur ist das ein guter Weg. Da aber meist viele Serviceleistungen der Datenbanken nicht zur Verfügung stehen, eignet sich dieser Einstieg nicht für die umfassende thematische Suche.

[4] Umfassende thematische Suche für eine wissenschaftliche Arbeit

Hier stehen, je nach Bibliothek, unterschiedlich viele und unterschiedlich inhaltsreiche Datenbanken zur Verfügung. In der Regel müssen sie alle einzeln abgesucht werden. Um die im Laufe der Arbeit erscheinende Literatur nicht zu verpassen, ist eine Automatisierung der Suchen empfehlenswert. Diese Möglichkeit bieten die meisten Datenbanken.

[5] Suche auf der Basis von älterer Literatur

Hier ist ein besonderer Suchansatz erforderlich, die ‚Cited Reference Search', bei der Literaturverzeichnisse auf die Nennung konkreter Titel hin durchsucht werden. Dieser Ansatz macht es möglich, ausgehend von älterer Literatur neuere Veröffentlichungen zu finden.

„Klingt kompliziert!“, meinte Kevin. „Ich glaube nicht, dass ich das wirklich alles brauche. Ich werde, wie immer, bei Google suchen. Da gebe ich paar Wörter ein und habe mit den Ergebnissen die letzten drei Fälle bestimmt abgedeckt!“ Annkathrin lachte. „Wir können ja mal einen Wettbewerb austragen, wenn wir den Bereich der Literatursuche und -auswahl abgeschlossen haben. Ich wette, ich bin auch ohne Google wesentlich schneller als du, wenn es gilt, eine vernünftige Literaturliste zusammenzustellen. Und dabei habe ich noch gar nicht so viel Übung, nur das, was wir eben im Kurs gemacht haben. Aber da zeigte sich schon, um wie viel besser eine **strukturierte Suche in den Datenbanken** ist! Und: Wenn schon Google für wissenschaftliche Arbeiten, dann wenigstens **Google Scholar**. In der normalen Suchmaschine ist ein viel zu großer Anteil unbrauchbarer Links. Der ist bei Google Scholar wesentlich kleiner.“

Suche nach Büchern im Katalog

„Aber lasst uns erst einmal mit der ersten Situation anfangen. Wenn ein Buch gebraucht wird, trägt man möglichst **wenige**, aber **charakteristische Angaben** in das Suchfeld ein. Eben Autornachname und ein Wort aus dem Titel oder so. Das reicht.“ „Warum denn nur wenige Angaben, wenn ich doch eine genaue Quellenangabe habe?“, wunderte sich David. „Normalerweise sind doch die Ergebnisse umso besser, je genauer ich die Suche formuliere.“ „Stimmt. Aber vielleicht möchte ich gar nicht das ganz exakte Ergebnis. Stell dir mal vor, du sollst ein Buch von 2007 suchen und gibst die Jahreszahl mit ein. Dann bekommst du nur die Ausgabe von 2007 angezeigt, auch wenn du die Ausgabe von 2012 viel besser brauchen könntest, weil wir ja immer möglichst neue Auflagen zitieren sollen. Oder die Bibliothek hat zwar nicht die Ausgabe von 2007, dafür aber den unveränderten Nachdruck von 2008. Der nützt dir genauso viel wie die gesuchte Ausgabe, wird aber bei Eingabe der Jahreszahl nicht mit angezeigt. Daher: Suchen bitte immer mit wenigen Angaben beginnen. Wenn man zu viele Treffer hat, kann man immer noch einschränken. Manche Kataloge bieten sogar Hilfestellungen dazu, sogenannte **Filter**, die meist rechts oder links neben den Ergebnissen angezeigt werden. Darüber kann man mit einem Klick die Ergebnisse auf solche mit ganz bestimmten weiteren Angaben einschränken.“

„Cool! Steht dein Angebot noch, dass wir uns mal in der Bibliothek treffen können, um das auszuprobieren? Ich habe so etwas noch nie gesehen!“, fragte David. „Gern! Gleich morgen?“ „Ja, wegen der besagten

Literaturliste, du erinnerst dich?" „Klar, aber lass uns erst mal weitermachen. Die **Ergebnisliste** zeigt mir dann, ob das Buch überhaupt in der Bibliothek vorhanden ist, wo es gegebenenfalls steht oder ob es als **E-Book** verfügbar ist. Wenn die eigene Bibliothek nicht weiterhilft, kann man eine **Fernleihbestellung** gegen eine geringe Gebühr aufgeben. Dann wird das Buch aus einer anderen Bibliothek besorgt und man kann es vor Ort ausleihen und zurückgeben." „Guter Service – aber dauert das nicht ewig, bis so ein Buch da ist?", fragte Nora. „Selten. Meist sind es wohl ein oder zwei Wochen, aber ich habe auch schon von anderen gehört, dass sie nach wesentlich kürzerer Zeit das Buch mit nach Hause nehmen konnten. Es ist auf alle Fälle besser, als das Buch gar nicht lesen zu können." „Ich warte schon ganz lange auf ein Lehrbuch, das ausgeliehen und mehrfach vorgemerkt ist. Das werde ich dann mal per Fernleihe bestellen – vielleicht bekomme ich es dann endlich!", meinte Nora. „Das geht leider nicht. Man kann nur das bestellen, was vor Ort nicht vorhanden ist. Das leuchtet auch ein – sonst sind die Bücher unter Umständen mehr auf dem Postweg unterwegs, als dass sie gelesen werden können." „Schade, das hätte mir auch geholfen!", meinte David enttäuscht.

Suche nach einem Zeitschriftenaufsatz

„Lasst uns mit der zweiten Situation der Literatursuche weitermachen. Wenn man einen Hinweis auf einen **Zeitschriftenaufsatz** hat, muss man versuchen herauszufinden, wo diese **Zeitschrift** steht – **gedruckt** in richtigen Heften und Bänden oder **online**. Das geht auch in den normalen Bibliothekskatalogen. Man darf aber auf keinen Fall nach dem Autor des Aufsatzes oder nach dem Aufsatztitel suchen, aber das hatte ich ja schon gesagt. Sinnvoll ist immer die Eingabe von **mehreren sinntragenden Wörtern aus dem Titel der Zeitschrift**, also nicht ‚für, ‚und', ‚and' oder ‚of' oder so. Bei den meisten Bibliothekskatalogen kann man dann nur sehen, ob und in welcher Form, also online oder gedruckt, die Zeitschrift in der jeweiligen Bibliothek vorhanden ist. Es gibt aber auch die Möglichkeit, umfassend zu suchen – über die sogenannte **Zeitschriftendatenbank**, in der Zeitschriftenbestände aus ganz Deutschland verzeichnet sind. Dann kann man auch sehen, welche Bibliotheken in der Nähe vielleicht die Zeitschrift haben, die man braucht. Wenn keine Bibliothek in der Umgebung die gesuchte Zeitschrift hat, ist wieder eine **Fernleihe auf den Aufsatz** möglich – dann bekommt man Aufsatzkopien in der Bibliothek ausgehändigt."

„Cool! Dann kann ich also auch sehen, ob die Bibliothek der Uni, an der meine Freundin studiert, die Zeitschrift hat? Falls die dann online ist, kann sie mir ja einfach eine PDF-Datei per E-Mail schicken!“, meinte Kevin. „Hm – das ist so eine Sache. In der Regel ist das nicht legal, das geben die Lizenzbedingungen für die Zeitschriften nicht her. Die Fernleihgebühren sind nicht hoch, und es dauert auch nicht lange, bis man die Kopien hat.“ David hatte in seinem Kurs auch etwas zu den juristischen Hintergründen des Online-Angebotes erfahren. „Lasst mich die ersten beiden Situationen noch kurz zusammenfassen“, sagte Annkathrin.

*„In beiden Fällen habe ich einen Literaturhinweis. Ich frage also nicht danach, **ob** etwas existiert, **was** es alles gibt, sondern **wo** es steht. Das unterscheidet diese beiden Fälle von den anderen drei Situationen, in denen ich danach frage, **was** es überhaupt zu einem bestimmten Thema gibt. Die Frage ‚**wo**‘ beantworte ich über den **Katalog der eigenen Bibliothek** oder über umfassendere Bestandsverzeichnisse wie die **Zeitschriftendatenbank**, kurz ‚ZDB‘ genannt.“*

Thematische Suche, Überblick zum Thema

„Wenn es jetzt um die Frage ‚**Was gibt es überhaupt**?‘ geht, reicht ein Katalog nicht mehr aus. Dazu gibt es **Fachdatenbanken**, die unabhängig von Beständen einer Bibliothek darstellen können, was überhaupt zu einem Thema erschienen ist.“ „Wieso denn mehrere Fachdatenbanken? Reicht nicht eine?“ „Nein, leider nicht. Jede hat ihre Besonderheiten. Zwar wird man, wenn man in mehreren Datenbanken sucht, manche Treffer auch mehrfach finden, aber andere sind dann jeweils nur ein Mal nachgewiesen. Wenn ich möglichst alles finden will, was zu meinem Thema existiert, muss ich schon verschiedene Datenbanken absuchen. Manche Bibliotheksseiten im Internet bieten die Möglichkeit, ohne die Suchmaske zu ändern, **gleichzeitig in mehreren Fachdatenbanken** zu suchen. Dann kann man, wie in der dritten Situation beschrieben, schon einmal einen **Überblick** bekommen, was zu einem Thema erschienen ist. Das ist sehr praktisch, denn man kennt die Suchmaske schon und braucht sich nicht auf verschiedene Sucheinstiege und Formulierungen einzustellen. Es reichen ein paar thematische Stichwörter. So eine **Einstiegssuche** ist beispielsweise dann hilfreich, wenn ich ein Dachthema bekommen habe, das ich noch auf eine spezielle Fragestellung einschränken muss. Dann fange ich vielleicht mit einem oder zwei Stichwörtern zu diesem Dachthema an, sichte die Treffer, bei langen Trefferlisten vielleicht auch nur die der letzten ein bis drei Jahre – und kann eventuell schon eine Idee entwickeln. Mit viel Glück und gegebenenfalls noch ein oder zwei eingeschränkteren Suchen kann ich dann schon eine recht gute Literaturliste zum Einstieg zusammen haben. Das Problem ist allerdings, dass in dieser Überblickssuche die verschiedenen Besonderheiten der einzelnen Datenbanken nicht enthalten sind. Darunter sind viele Serviceleistungen, die die umfassende und möglichst auch noch automatisch aktuell gehaltene Literatursuche enorm erleichtern – dazu erzähle ich gleich noch mehr. Wenn ich so im Überblick suche, habe ich oft sehr lange Trefferlisten. Dann helfen die schon genannten Filter, mit einem Klick die Suche gezielt weiter einzuschränken."

Thematische Suche in den Fachdatenbanken

„Also – in meinem Buch stehen noch ganz viele andere Quellen für die thematische Literatursuche. Nationalbibliographien beispielsweise. Davon hast du jetzt noch gar nichts gesagt." Nora guckte verwirrt.

„Das liegt daran, dass heute die Nationalbibliographien bei der Literatursuche für die Wirtschaftswissenschaften keine Rolle mehr spielen. Es handelt sich dabei um Verzeichnisse, die vorrangig angeben, welche Bücher in einem Land in einem bestimmten Zeitraum erschienen sind. Für uns sind aber die Bücher ohnehin nicht so wichtig, weil die neuesten Forschungsergebnisse in den Wirtschaftswissenschaften schon seit Jahren eher in Zeitschriften veröffentlicht werden. Du kannst in den sogenannten Fachdatenbanken wirklich umfassend suchen und wirst, wenn du keine der wichtigen Datenbanken auslässt, auch keine grundlegenden Quellen verpassen", beruhigte sie Annkathrin.

*„Welche Datenbanken wichtig sind, kann man oft daran erkennen, dass sie als ‚Top-Datenbanken' gekennzeichnet sind. Für die Wirtschaftswissenschaften gibt es fast überall die **WISO** – damit kann man gut in die umfassende Suche einsteigen. Dann geht es für die **VWL** weiter mit der **EconLit** – das ist eine absolut wichtige VWL-Datenbank, herausgegeben von der American Economic Association. In der **BWL** steht oft die sogenannte **Business Source** von der Firma EBSCO zur Verfügung, etwa Business Source Premier oder Business Source Complete. Alternativ oder ergänzend gibt es die Datenbank **ABI** von ProQuest. Diese Datenbanken bieten neben den Literaturhinweisen auch viele Volltexte und beispielsweise auch zusätzlich Unternehmens- und Länderinformationen. Oft hat man Zugriff auf **Emerald**, auch eine gute ergänzende Datenbank mit BWL-Schwerpunkt, aber auch Volltextzeitschriften aus anderen Fächern. Übrigens gibt es auch ein Suchportal, das von überall her frei verfügbar ist: **Econbiz** – die URL ist einfach **www.econbiz.de**. Wie man diese Datenbanken nutzt, findet man schnell über die **Hilfetexte** heraus. In einigen*

der Datenbanken gibt es eine Hilfestellung zur Entscheidung, welche Texte man zitieren darf: Man kann die Ergebnisliste auf ***wissenschaftliche Zeitschriftenaufsätze einschränken****, die dann uneingeschränkt zitierfähig sind. Das heißt dann beispielsweise „****scholarly journals****" oder „****peer reviewed****". – Aber was an dieser Stelle noch wirklich wichtig ist, ist die* ***Formulierung der Suche****."*

Tipp!

Folgende Datenbanken sind für das wissenschaftliche Arbeiten sehr hilfreich (Beispiele):

- **WISO**
- **EconLit**
- **Business Source Premier**
- **Business Source Complete**
- **ABI**
- **Emerald**
- **Econbiz**

Die Links zu den einzelnen Datenbanken findet man über die Homepage der Hochschulbibliothek. Suchmaschinen helfen meist nicht weiter!

„Also ich weiß nicht – bei Google muss ich mir dazu keine Gedanken machen. Einfach ein paar Wörter zum Thema – passt schon!" Kevin rebellierte immer noch gegen die Idee, nicht einfach eine simple Internetrecherche machen zu können. „Genau, und dann hast du eine riesige Trefferzahl, guckst die ersten drei Seiten durch und verpasst die wichtigsten Treffer, weil du ungeschickt formuliert hast! Auch bei Google ist eine gute Suchformulierung wichtig!", konterte David.

Literatursuche

Formulierung von thematischen Suchen

„Genau", sagte Annkathrin. „Und deswegen habe ich euch mal zwei Folien mitgebracht, die wir im Kurs gesehen haben. Zunächst die sogenannten ‚**Booleschen Operatoren**', so, wie ich die Folie abgeschrieben habe."

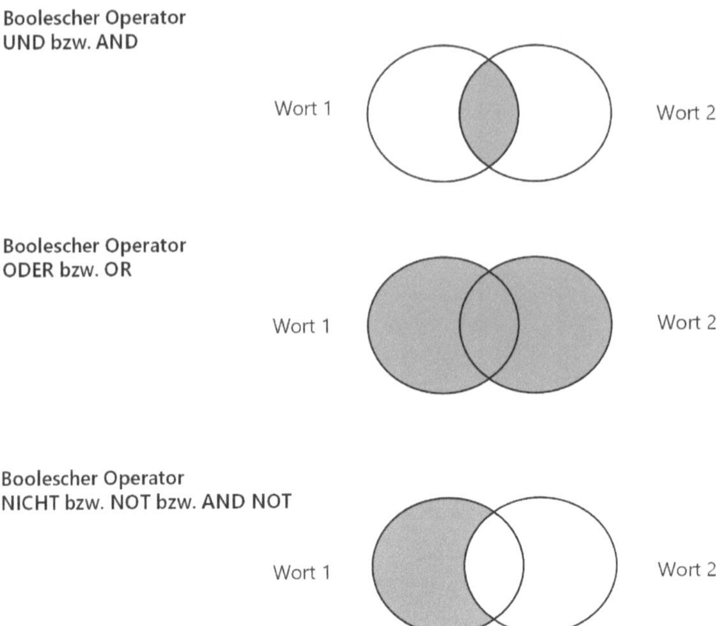

Abb. 3: Boolescher Operator

„Aha. Und was heißt das jetzt?" Die anderen betrachteten die drei Diagramme etwas ratlos.

„Das stellt die Funktionsweise der für uns wichtigsten Booleschen Operatoren dar. Sie wurden übrigens nach einem Mann mit dem Namen Boole benannt. Wenn ich zwei Suchwörter mit ‚AND' verknüpfe, bedeutet das, dass nur die Treffer gefunden werden, die beide Wörter enthalten. Eigentlich müsste man dieses ‚AND' mit einem ‚Sowohl Wort 1 als auch Wort 2' übersetzen. Daher ist nur der Überschneidungsbereich beider Kreise ausgefüllt."

„Ah, jetzt verstehe ich!", warf David ein. „Dann finde ich mit ‚**OR**' die Treffer, die entweder Wort 1 oder Wort 2 oder beide enthalten, und bei ‚**NOT**' darf nur das erste Wort enthalten sein." „Exakt!", sagte Annkathrin. „Mit diesen Operatoren kann man sehr genaue Suchen formulieren. Etwa mit ‚OR' zwei Synonyme oder ein englisches und ein deutsches Wort gleichzeitig suchen, oder aber mit ‚NOT' bestimmte Aspekte ausschließen. Im Kurs wurden dann ein paar Beispielformulierungen für solche noch recht einfachen Suchen genannt, wie etwa ‚Werbung AND Ethik', ‚labour OR Arbeit' oder ‚Energie NOT Kernenergie'. Bei einer einfachen Suchzeile ist das ‚AND' übrigens meistens voreingestellt. – Und danach haben wir eine Folie zur Formulierung von Suchanfragen gesehen, da wurden dann alle möglichen Formulierungstricks erklärt. Hier ist sie, für das Beispielthema ‚Analyse der geldpolitischen Maßnahmen bei der Einführung des Euro':"

Tipp!

Suchwörter

[1] Geldpolitik, monetary policy, ...

[2] Euro, Europäische Währungsunion, Europäische Zentralbank, Europäisches Währungssystem, Vertrag von Maastricht ...

Beispiel für eine Einstiegssuche

(geldpoliti* OR „monetary policy") AND (Euro OR „Europäische Währungsunion")

Der * steht für beliebig viele Zeichen.

„An dieser Übersicht kann man viele Aspekte der **Erarbeitung einer geeigneten Suchstrategie** ablesen. Zunächst müssen Suchwörter gefunden werden, die das Thema beschreiben. Man braucht sie eigentlich immer in der deutschen und der englischen Version – da manche Datenbanken Literatur in beiden Sprachen nachweisen und erschließen, manche aber nur in Englisch. Insofern ist die Liste der Suchwörter sehr unvollständig, aber sie sollte ja auch nur als ein Beispiel dienen.

Die **Einstiegssuche** ist dann sehr kompliziert formuliert, um möglichst viele der Techniken, die man braucht, zu veranschaulichen. Zunächst kann man **Klammern** benutzen – genau wie in der Mathematik. Das, was in der Klammer steht, wird dann zuerst ausgeführt, danach werden die weiteren Schritte gemacht. Hier würden also zunächst die Ergebnisse aus den beiden Klammern jeweils separat ermittelt und danach miteinander verglichen, um diejenigen Treffer herauszufiltern, die in beiden Ergebnissen vorkommen. In der ersten Klammer geht es um Geldpolitik, dabei soll sowohl das deutsche Wort als auch die englische Übersetzung gefunden werden. Es könnte sein, dass in einem Text nicht von ‚Geldpolitik', sondern von ‚geldpolitisch' die Rede ist. Daher ist das Wort mit einem ‚*' **abgekürzt** – der ‚*' steht in den meisten Datenbanken für eine beliebige Anzahl von Zeichen. Die **Anführungsstriche** um den Ausdruck ‚monetary policy' braucht man, damit die beiden Wörter nur als **feststehender Begriff**, auch **Phrase** genannt, in dieser Reihenfolge gesucht werden. Texte, die irgendwo das Wort ‚monetary' und an einer anderen Stelle das Wort ‚policy' enthalten, können ja auch ein ganz anderes Thema behandeln."

Literatursuche

„Ah – und die zweite Klammer heißt dann, dass in dem Text entweder das Wort ‚Euro' oder der Begriff ‚Europäische Währungsunion' auftauchen soll – oder beides!" „Genau! Ihr seht, man kann mit diesen Techniken schon sehr genaue Eingrenzungen der gewünschten Treffer formulieren. Voraussetzung ist aber eine gute Suchwortliste. Hier konnte sie nur aus den Wörtern in der Themenformulierung entwickelt werden. Wenn man zum Thema einige Literaturhinweise hat, kann man natürlich auch während des Lesens noch wichtige Wörter notieren. Außerdem wird die einzelne Literaturquelle in den Datenbanken ja mit Schlagwörtern, manchmal mit Abstracts, also Kurzzusammenfassungen, manchmal mit noch weiteren beschreibenden Elementen im Datensatz nachgewiesen. Daraus lassen sich auch weitere Suchwörter ableiten. Je genauer meine Suchwörter mein Thema beschreiben, desto besser meine Trefferliste!"

Merklisten und Alerts

„Wenn ich mir dann die Trefferliste angucke, sehe ich meist ein Kurzformat. Es enthält zumindest den Titel der gefundenen Literaturquelle, meist aber zusätzlich weitere Angaben. Diejenigen Titel, die mir interessant erscheinen, kann ich dann in einer **Merkliste** zusammenstellen. Diese Merklisten kann man meist auch in der Datenbank selbst speichern, wenn ich mir dort einen **eigenen Bereich** eingerichtet habe." „Wie – eigener Bereich? Was soll das denn sein?" „Das ist eine supergute Serviceleistung, die in den meisten Datenbanken möglich ist. Man kann sich dort **registrieren** und dann die einmal angelegte Merkliste bei der nächsten Arbeitssitzung wieder aufrufen und vervollständigen. Bei der Zeitplanung hatten wir ja gesehen, dass es sinnvoll ist, mehrfach Literatur zu suchen, etwa weil man einen neuen Aspekt gefunden hat, für den man noch Belege braucht. Dann kann man die vorhandene Literaturliste weiter ausbauen." „Aber wenn ich mich da registrieren soll, dann muss ich doch bestimmte Daten von mir angeben. Wie ist das denn mit dem Datenschutz? Und kostet das was?" Nora war skeptisch. „Nein, das kostet nichts, zumindest uns als Studierende nicht. Diese Serviceleistung ist in den Lizenzgebühren enthalten, die die Bibliothek für die Datenbank zahlen muss. Und offensichtlich ist der Datenschutz gewährleistet, zumindest wurde uns versichert, dass noch nie Probleme mit Spam oder so aufgetreten sind. – Es gibt noch eine weitere Serviceleistung, die wir unbedingt in Anspruch nehmen sollten: **Alerts**! Darunter versteht man E-Mail-Benachrichtigungen, die man bekommt, wenn zu einer festgelegten Suchformulierung neue Titel in die Datenbank eingespielt werden." „Wieso neue Titel? Verstehe ich nicht! Einmal suchen reicht doch!"

„Eben nicht! Wir sollen doch den Stand der Forschung zum Zeitpunkt der Abgabe darstellen. Das heißt aber, dass wir im Prinzip auch den Aufsatz noch gefunden haben müssen, der unmittelbar vor der Abgabe erscheint. Und dabei können diese Alerts sehr gut helfen. Wenn ich eine gute Suchformulierung gefunden habe, automatisiere ich damit quasi die Suche. Ich werde dann zuverlässig informiert, falls ein neuer Aufsatz zu diesen Themenstichwörtern erschienen ist. Viele Datenbanken enthalten ja Volltexte von Zeitschriften und werden praktisch täglich aktualisiert. Wenn ich dann ein Thema behandeln muss, was gerade in der Forschung diskutiert wird, dann ist es sogar wahrscheinlich, dass während der Bearbeitungszeit etwas Neues erscheint. Übrigens – oft sind die elektronischen Versionen Monate vor den gedruckten Zeitschriftenheften verfügbar. Es macht bestimmt Eindruck auf einen Gutachter, wenn ich im Juli schon aus dem Novemberheft einer Zeitschrift zitieren kann!“

„Prima, dann suche ich einmal mit einer guten Suchformulierung, richte einen Alert ein und fertig bin ich. Über neue Literatur werde ich ja dann informiert. Dann kann ich aus der Liste meiner Arbeitsschritte ja die weiteren Termine für die Literatursuche streichen!“ David dachte praktisch, aber Annkathrin widersprach sofort: „Vorsicht! Du bekommst natürlich nur Literatur zu deiner einmal gespeicherten Suche. Wenn du aber neue Aspekte findest, musst du den Vorgang doch noch einmal wiederholen. Also – nicht zu früh neu planen!“

„Annkathrin, hast Du nicht an unserem ersten Freitag hier in der Kneipe von einer Literatursuchtabelle gesprochen? Was ist das?“, fragte David. „Oh ja, richtig! Danke für die Erinnerung, David. **Die Literatursuchtabelle hilft Dir, immer einen guten Überblick darüber zu behalten, welche Begriffe Du bereits in welcher Datenbank gesucht hast und wo ein Alert gesetzt wurde“**, sagte Annkathrin mit einem zufriedenen Lächeln. „Wow, super! Na, dann leg los und erklär mal“, bat David.

„Eine unstrukturierte Literatursuche kann häufig zur Verzweiflung führen, vor allem wenn man den Überblick verliert, welche Begriffe bereits in welcher Datenbank gesucht wurden. Damit das nicht passiert, sollte man die Literaturrecherche gut strukturieren und nichts dem Zufall überlassen“, erläuterte Annkathrin. „Deshalb hat man uns im Kurs den Trick mit der **Literatursuchtabelle** erläutert. Die Vorgehensweise ist denkbar einfach. Ihr nehmt euch euer Thema vor und unterstreicht die wichtigsten Begriffe, die im Thema bzw. in der Forschungsfrage vorkommen. Anschließend sucht ihr alle möglichen Synonyme und

Schlagwörter dazu. Arbeitet bitte immer in Deutsch und in Englisch. Dann erstellt ihr eine Tabelle und schon habt ihr den Überblick, welche Begriffe in welcher Datenbank zu suchen sind und wann ihr fertig seid. Schaut her, das Wichtigste zur Vorgehensweise ist diesem Merkblatt zu entnehmen", fuhr Annkathrin fort.

Merke!

Vorgehensweise bei der Erstellung einer Literatursuchmatrix

» Schreiben Sie zunächst die zentralen Begriffe aus dem Thema der Arbeit ab.

» Stellen Sie dann alle wichtigen Synonyme, sinnverwandte und gleichbedeutende Bezeichnungen und Abkürzungen zusammen (alle Begriffe in deutscher und englischer Sprache).

» Nutzen Sie zusätzlich Lexika und Synonymwörterbücher (z. B. www.dwds.de, www.synonyme.woxikon.de, www.openthesaurus.de) und Thesauri, die in den Datenbanken enthalten sind.

» Orientieren Sie sich dabei immer an den Begriffen des Themas und der Forschungsfragen.

» Nutzen Sie hinreichend themenspezifische Begriffe. Zu allgemeine Begriffe führen zu unüberschaubaren Trefferlisten.

» Legen Sie fest, welche Fachdatenbanken für das Thema geeignet sind und aus welcher Perspektive Sie das Thema behandeln werden.

» Erstellen Sie anschließend eine Tabelle (z. B. in Excel) mit den wichtigen Begriffen in den Zeilen und den wichtigsten Fachdatenbanken in den Spalten.

» Sobald Sie ein Begriff bzw. ein Begriffspaar (inkl. entsprechender Booleschen Operatoren, Klammern und Trunkierungszeichen) in einer Fachdatenbank recherchiert haben, notieren Sie das Recherchedatum in der entsprechenden Zelle Ihrer Literatursuchmatrix.

» Bei Kombinationen von Begriffen, die gute Literaturtrefferquoten generiert haben, setzen Sie ein Alert und notieren dies entsprechend in der Literatursuchmatrix.

» Ihre Recherche ist abgeschlossen, wenn alle Zellen mit einem Datum versehen sind.

Suchbegriffe	Business Source Complete	Emerald	Web of Science	IEEE Computer Society Digital Library	Psyc INFO	TOC Premier	weitere geeignete Datenbanken
(„Künstliche Intelligenz“ OR „KI“ OR „AI“ OR „Artificial Intelligence“) AND („Personalauswahl“ OR „Recruiting“ OR „Employee Selection“)	3.1.20.. ALERT			3.1.20..			
(„Machine Learning“ OR „Machinelles Lernen“ OR „Neural Networks“) AND „Employee*“	3.1.20..						
(„Electronic Employee Selection“) AND („Alogorithms“ OR „Algorithmen“)	6.1.20..						
(Recruitung OR „Employee recruitment“) AND („AI“ OR „Artificial Intelligence“)	7.1.20.. ALERT						
...							

Tab. 5: Beispiel einer Literatursuchtabelle zum Thema „Einsatzpotenziale künstlicher Intelligenz bei der Personalauswahl“

David richtete sich auf. „Hey, gar nicht mal so schlecht. Habt ihr dazu auch ein Beispiel gemacht? Das hätte ich gern gesehen." „Ja, wir haben eine Übung am Beispiel des Themas ‚Einsatzpotenziale künstlicher Intelligenz bei der Personalauswahl' gemacht", antwortete Annkathrin. „Künstliche Intelligenz und Personalauswahl haben wir dann als zentrale Begriffe herausgearbeitet und dazu alle möglichen passenden Begriffe erarbeitet. Bei den Fachdatenbanken haben wir uns auf den Bereich Wirtschaftswissenschaften, Psychologie und Informatik gestürzt. Et voilà: hier ist die Tabelle", antwortete Annkathrin und legte eine Abbildung auf den Tisch (siehe Tabelle 5).

Cited Reference Search

„Es gibt aber noch mehr als nur diese einfache Suche mit themenspezifischen Suchwörtern. In einer Reihe von Datenbanken – übrigens auch bei Google Scholar – sieht man inzwischen bei der Beschreibung zu einzelnen Aufsätzen eine Angabe ‚**cited by**'. Das ist sehr hilfreich, wenn man wissen will, wie es in der Forschung weitergegangen ist. Denn das ist eine Angabe, die besagt, dass der vorliegende Aufsatz später einmal zitiert wurde. Und wenn ich dann eine Quelle, meinetwegen von 1999 gefunden oder angegeben bekommen habe, komme ich über den Link ‚cited by' zu **neueren Aufsätzen**. Einige wenige Datenbanken bieten dazu noch die Möglichkeit, nach solchen neueren Quellen auch gezielt zu suchen. Für die Wirtschaftswissenschaften sind das hauptsächlich der ‚**Social Science Citation Index**', die ‚**Business Source**' und ‚**EconLit**'. Dazu muss ich eine besondere Suchmaske aufrufen, die ‚**Cited Reference Search**'. ‚Cited References' heißt übersetzt nichts anderes als ‚Literaturverzeichnis'. Ich kann also mit so einer Suche feststellen, ob in Literaturverzeichnissen die Angaben auftauchen, die ich in der Suchmaske eingebe. Das Ganze hört sich jetzt sehr kompliziert an, aber wenn man es ausprobiert, ist es gar nicht so schlimm. Also: Man ruft diese besondere Suchmaske auf. Da sieht man dann Felder wie etwa ‚cited author' oder ‚cited year'. Diese beiden sind auch die Felder, die man am häufigsten braucht. Dann gibt man einen Autorennachnamen und eventuell einen abgekürzten Vornamen ein – in der Form ‚Anfangsbuchstabe*', also meinetwegen ‚B*'. Der Stern kann dann entweder den Punkt hinter dem Buchstaben oder den gesamten restlichen Vornamen ersetzen, je nachdem, wie so ein Literaturverzeichnis formuliert ist. Außerdem schreibt man das Erscheinungsjahr des vorliegenden Aufsatzes, im Beispiel von eben also 1999, in das entsprechende Feld und startet die Suche. Die Ergebnisliste, die erscheint, ist aber noch nicht das Endergebnis. Was ich dann sehe, ist eine Liste mit Auszügen aus Literaturverzeichnissen, die auf meine Suchformulierung passen könnten. Und ich muss dann aussuchen und kennzeichnen, welche Auszüge meinem Aufsatz von 1999 entsprechen. Der Autor könnte ja in diesem Jahr noch andere Aufsätze geschrieben haben, deren Zitate ich nicht will. Oder es gibt einen Autor mit dem gleichen Nachnamen und gleichen Anfangsbuchstaben des Vornamens, dessen Zitate ich ja auch nicht will. – Nachdem ich alles gekennzeichnet habe, was meinem Aufsatz von 1999 entspricht, muss die Suche erst noch abgeschlossen werden, je nach Datenbank durch Klicken auf ‚Finish Search' oder ‚Find Citing Articles'. Was dann erscheint, sind die neuen Aufsätze, die meinen alten Aufsatz zitieren." „Und was soll mir das bringen?", fragte Kevin. „Datenbanksuche, Cited Reference Search – ich bin immer noch nicht überzeugt, dass eine einfache Google-Suche nicht besser ist. Von mir aus auch in Google Scholar, da soll es mir nicht drauf ankommen, aber alles andere erscheint mir zu zeitaufwendig und kompliziert." „Ich verstehe dich ja!", sagte Annkathrin. „Meine Aufgabe, das hier als ‚Trockenkurs' in unserer Stammkneipe zu erklären, ist schon ein bisschen schwierig. Ich würde euch das gerne mal zeigen, dann wird logischerweise alles viel anschaulicher. Der Sinn der ‚Cited Reference Search' ist eben, von älterer Literatur ohne große Recherchen nach passenden Suchwörtern und thematischen Schwerpunkten auf neue Literatur zu kommen. Man kann über so eine Suche hervorragend nachvollziehen, welche Forschungsrichtungen sich ergeben haben, was für thematische Schwerpunkte diskutiert werden – und natürlich auch, ob überhaupt in der Richtung weiter geforscht wurde. Man kann diese neuen Quellen zum Teil auch über Google Scholar finden. Dort kann man sogar Alerts anlegen – aber die Interpretation der Ergebnisse erfordert viele Kenntnisse, die ich mir so am Anfang des eigentlichen wissenschaftlichen Arbeitens noch nicht zutraue. Dagegen helfen mir die einzelnen Fachdatenbanken durch eine eher wissenschaftliche Ausrichtung recht gut, schnell die zitierfähige Literatur von der eher praxisorientierten zu trennen. Ehrlich, ich hätte auch nicht geglaubt, wie hilfreich das ist, wenn ich das nicht im Kurs gesehen hätte. Ich mache euch einfach das Angebot: Morgen bin ich ohnehin in der Bibliothek, David ja auch wegen der Katalogsuche. Kevin, Nora, wenn ihr Lust habt, kommt einfach dazu. Dann zeige ich euch das alles mal an praktischen Beispielen. Und ihr könnt euch die Hilfetexte angucken. Alle Möglichkeiten der Datenbanken kenne ich nämlich auch noch nicht, da kommen wir bestimmt noch auf hilfreiche neue Informationen! – Und wenn ihr jetzt keine Fragen mehr habt, wäre ich dankbar für noch eine Runde. Ich hab' eine echt trockene Kehle. Und ihr vermutlich ‚information overload' – oder?" Die anderen stimmten zu. Das würde noch viel Ausprobieren und Üben erfordern!

8 Zeitschriften-Rankings

„Hallo Annkathrin!", sagte David, als sie erneut viel zu spät in die ‚Letzte Klausur' kam. „Wieder jemanden getroffen, der dir gute Tipps zu den Anforderungen deiner Professorin geben konnte?" „Ja – tut mir leid, dass ich schon wieder zu spät bin." „Egal, jetzt bist du ja da. Hör mal, die Sitzung am Samstag in der Bibliothek mit den vielen Datenbanken war wirklich spitze. Ich habe in der Woche noch ein bisschen mit unterschiedlichen Suchformulierungen ‚gespielt' und viel Literatur gefunden. Aber genau das ist jetzt mein Problem: Jetzt habe ich zu viel! Obwohl ich die Suche auf die wissenschaftlichen Zeitschriften eingeschränkt habe. Du hattest doch versprochen, noch etwas zu Ranglisten von Zeitschriften zu sagen, die dabei helfen, die wichtigsten Aufsätze zu ermitteln. Kannst du das heute machen? Ich glaube, es passt auch ganz gut zum Thema ‚Zitierwürdigkeit'." „Stimmt! Gerne, ich habe meine Aufzeichnungen dazu dabei." Annkathrin suchte ihren Ordner durch und fand mehrere Seiten mit entsprechenden Notizen.

„Für die wissenschaftlichen Zeitschriften gibt es sogenannte **Rankings** oder **Journal Rankings** – schön neudeutsch. Sie werden auf verschiedene Weisen ermittelt und sind teilweise auch etwas unterschiedlich. Sie bringen die wissenschaftlichen Zeitschriften zu einem Fach in eine Reihenfolge – von der Spitzenzeitschrift, hochtheoretisch, sehr wissenschaftlich fundiert, uneingeschränkt immer zitierfähig, bis zum eher praxisorientierten Journal, das eben nur als Beleg für Praxisbeispiele taugt, soweit es unsere wissenschaftlichen Arbeiten betrifft. Viele Leute sagen vereinfachend, dass es Ranglisten von ‚sehr gut' bis ‚eher schlecht' sind, aber das ist falsch. Das Ziel eines Artikels in einer hochrangigen Zeitschrift ist einfach ein anderes. Wer in so einer hochwissenschaftlichen Zeitschrift publiziert, will neueste Forschungsergebnisse veröffentlichen. Ein Aufsatz in einer Praxiszeitschrift berichtet dagegen oft von konkreten Alltagsproblemen oder -erfolgen, von gelungenen Anwendungen wissenschaftlicher Erkenntnisse in der Praxis und so. Dementsprechend kann ich einen solchen Aufsatz nur zitieren, wenn ich ein solches Anwendungsbeispiel oder vielleicht eine Aussage aus einem Interview in meinem Text verwenden will. Wenn man in Praxisjournalen Ausführungen zu wissenschaftlichen Hintergründen findet, sind die meist nicht zitierfähig. Oft sind keine, die falschen oder viel zu wenige Belege dabei – streng genommen wären es also Plagiate." „Wie sieht denn jetzt so ein Ranking aus? Und gibt es das für verschiedene Fächer?" „Ja. Für die BWL in Deutschland ist das Ranking des Verbandes der Hochschullehrer für Betriebswirtschaft sehr anerkannt.

Man findet es unter der URL www.vhbonline.org. Dort gibt es unter der Registerkarte ‚VHB4you' den Link ‚VHB-JOURQUAL'. Wenn man den anklickt, erreicht man Links zu aktuellen Rankings aus dem Jahr 2015, die als Tabellen bzw. Pdf-Dateien zum Download zur Verfügung stehen. Vom neuesten habe ich hier einen Auszug aus der alphabetischen Tabelle. Da könnt ihr euch angucken, wie so was aussieht."

Zeitschriften	JQ3	Enthalten in Teil-Rating(s)
4QR	C	OR
Abacus	B	BA-FI, STEU, RECH
Absatzwirtschaft	k.w.Z	MARK
Academy of Management Annals	A	ABWL
Academy of Management Journal (AMJ)	A+	ABWL
Academy of Management Learning & Education	B	HSM, ORG / PERS
Academy of Management Perspectives	B	ABWL
Accountancy	D	RECH
Accounting and Business Research	B	STEU, RECH
Accounting and Finance	C	BA-FI, RECH
Accounting and the Public Interest	C	ÖBWL, RECH
Accounting Education: An International Journal	C	RECH
Accounting Forum	C	RECH
Accounting Historians Journal	C	RECH
Accounting History	C	RECH
Accounting History Review	B	BA-FI, RECH
Accounting Horizons	B	STEU, RECH
Accounting in Europe	C	STEU, RECH
...		
Accounting Review	A+	STEU, RECH

Tab. 6: Zeitschriften-Rankings

„Ah, das verstehe ich. Wenn ich also einen Artikel zu einem Thema in der Zeitschrift ‚Accounting in Europe‘ habe, und einen zweiten zum selben Thema in der Zeitschrift ‚Accounting Review‘, dann wähle ich lieber den aus dem Review, weil das Ranking besser ist.“

Kevin freute sich über Beispiele, die zu seinem Hauptinteressengebiet passten. „Ja, genau. Wir müssen vermutlich bei den meisten Themen auswählen, welche Aufsätze wir endgültig zitieren, selbst dann, wenn wir schon in den Datenbanken die wirklich wissenschaftlichen Quellen herausfiltern konnten. Und bei dieser Auswahl sollten es eben möglichst viele Zeitschriften sein, die ein Rating A+, A oder B haben. Manche Professoren geben das für Bachelor-Arbeiten sogar als Empfehlung oder strikte Arbeitsanweisung an. Allerdings: So ein Ranking ist immer relativ zum Thema zu sehen. Nehmen wir mal an, jemand schreibt etwas über Familienunternehmen. Es ist recht schwierig, sich dazu ein hochtheoretisch-wissenschaftliches Thema vorzustellen, vermutlich wird es eher einen deutlichen Praxisbezug aufweisen. Also sollten die zitierten Zeitschriftenaufsätze zumindest zum großen Teil aus entsprechenden Zeitschriften stammen. Das kann man übrigens beim Ranking 2015 gut sehen – da gibt es nämlich Teil-Rankings für einzelne Bereiche. Für die Betriebswirtschaftslehre der Familienunternehmen kann man das Teil-Ranking ‚Kleine und Mittlere Unternehmen (KMU)‘ auswählen. Das höchste Rating darin ist B, für das Journal of Small Business Management. Es gibt auch eine Zeitschrift speziell zu Familienunternehmen, das Journal of Family Business Strategy. Es hat ein C. Trotzdem ist es für das Thema natürlich dann eine Top-Zeitschrift.

Wenn man merkt, dass man viel zu viele hochwissenschaftliche Aufsätze findet, kann man in manchen Datenbanken per Filter gezielt Quellen aus bestimmten Zeitschriften auswählen. Das muss man dann nacheinander mit den verschiedenen hochrangigen Zeitschriftentiteln tun, um die Top-Artikel auszuwählen. Manche machen sich eine Art Zeitschriftenpyramide, um keine dieser Zeitschriften zu verpassen. Das kann beispielsweise so aussehen.“ (siehe Abb. 4).

„Das ist ein Beispiel aus meinem Kurs zum Themenbereich Personal. Ob man auch die ‚C-Journals‘ verwenden darf, hängt für die Bachelor-Arbeit eben von den Anforderungen des Professors oder der Professorin ab. Für spätere Arbeiten, Master oder Doktor, die mehr Literatur erfordern, kann man nicht so selektiv vorgehen, aber die Betonung auf den hochrangigen Zeitschriften bleibt.“

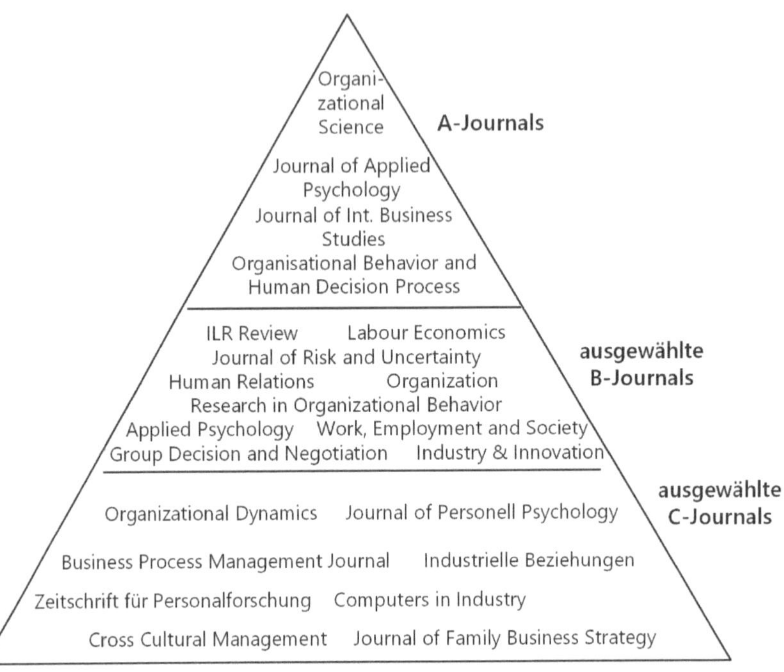

Abb. 4: Ranking von Zeitschriften im Fach Personal

„Okay, aber wie ist es denn in VWL? Gibt es dafür auch ein Ranking?"
„Genau wie bei der BWL, nicht nur eines, sondern mehrere. Das VHB-Ranking habe ich euch ja nur als wichtiges Beispiel gezeigt. Für die VWL sind verschiedene Rankings veröffentlicht worden. Recht anerkannt ist die **Handelsblatt-Journalliste**. Einfach mal per Suchmaschine suchen, die Wörter Handelsblatt, Journalliste und Volkswirtschaftslehre reichen. Ganz oben steht beispielsweise das American Economic Review, eher einen mittleren Rang hat beispielsweise Eastern European Economics – schon der Titel zeigt, dass es vermutlich keine reine Theorie ist. Ziemlich am Ende der Liste steht zum Beispiel die Zeitschrift Wirtschaftspolitische Blätter, eine offensichtlich anwendungsorientierte und noch dazu deutschsprachige Zeitschrift. Wer etwas zu praxisorientierter Wirtschaftspolitik in Deutschland schreibt, ist gut beraten, solche Aufsätze zu lesen und zu zitieren, eine hochtheoretische makroökonomische Arbeit beispielsweise wird aber eben eher die englischsprachigen hochtheoretischen Zeitschriftenartikel brauchen.

Man kann jetzt ausführlich über diese Rankings diskutieren und ihren Wert anzweifeln. Und natürlich kann auch mal ein phantastischer hochtheoretisch-wissenschaftlicher Aufsatz in einer C- oder D-Zeitschrift stehen. Wir müssen diese Rankings einfach als Hilfestellung für uns ansehen, um die wichtigeren von den weniger wichtigen Artikeln zu trennen und unser Literaturverzeichnis entsprechend zu fokussieren. Immer in Abhängigkeit vom Thema natürlich. Alle weiteren Kriterien zur Unterscheidung, welche Quellen zitierfähig sind, diskutieren wir ja gleich noch. Hier nur so viel: Unsere Aufgabe ist es, trotz aller Rankings immer kritisch zu bleiben. Nichts darf ungeprüft zitiert werden, immer sind wir gefordert, alles zu hinterfragen. Auch im A+-Aufsatz können Dinge stehen, die diskussionswürdig oder vielleicht sogar abzulehnen sind!" „Ganz schön anspruchsvoll, aber das leuchtet ein. Wissenschaftliches Arbeiten geht eben doch über den einfachen Aufsatz hinaus ...!"

9 Zur Zitierwürdigkeit und Zitierfähigkeit von Quellen

„Die Ansprüche an die Wissenschaftlichkeit sind sehr wichtig. Man muss sie erfüllen, wenn man eine **wissenschaftliche** Arbeit schreibt. Gleichzeitig aber kann man sich daran super gut orientieren, um zu entscheiden, ob man eine Literaturquelle in seiner Arbeit zitiert oder nicht", sagte Nora. „Hey, was heißt das denn jetzt? Kann ich nicht alles zitieren, was zu meinem Thema passt?", fragte Kevin. „Auf gar keinen Fall", antwortete Nora. „Wir müssen alle sicherstellen, dass wir nur Literatur zitieren, die in einer wissenschaftlichen Arbeit zitiert werden darf. Da unsere Arbeit eine wissenschaftliche Arbeit sein soll, dürfen wir demnach nur wissenschaftliche Quellen zitieren."

„Hmmm, das macht Sinn und passt zu dem, was wir bisher gesagt haben", fügte David hinzu.

„Ein Zeitungsartikel, ein Flyer eines Unternehmens, ein Blogbeitrag etc. sind immer subjektiv. Wenn ich diese Quellen in meiner Arbeit zitieren würde, fließen subjektive Meinungen in meine Arbeit ein und damit bin ich automatisch nicht wissenschaftlich, weil ich die Anforderungen an die Objektivität verletze."

„Also Moment mal", protestierte Kevin. „Was ich im Internet finde, kann ich ja wohl zitieren. In Wikipedia sind tolle Definitionen, und Tests haben ergeben, dass der Brockhaus in gedruckter Form oder online nicht besser ist. Statistiken findet man auch im Internet und für die Zahlen ist auch ein Urheber zu finden, sodass sie belegt sind. Und von anderen weiß ich, dass man auch jede Menge Aufsätze im Internet finden kann. Zeitungsartikel sind oft wichtig – nur sie zeigen die aktuelle Entwicklung, das kann doch so tagesaktuell gar nicht in wissenschaftlichen Zeitschriften stehen. Ihr seht das alles viel zu eng!"

„Nun rege dich doch nicht so auf", beruhigte ihn Annkathrin. „Du kannst nach wie vor die Hilfe des Computers suchen, auch in Google, wenn du unbedingt willst. Aber du musst die **Quellen**, die du findest, **selbst im Hinblick auf die Wissenschaftlichkeit überprüfen**, bevor du sie in deine Arbeit übernimmst." „Also – das ist mir zu hoch. Kann mir jemand mal exakt sagen, was zitiert werden darf und was nicht?", bat Kevin, der sich wieder einmal die Haare raufte. „Das würde mir auch helfen" betonte David. „Zumal ich irgendwann gelesen habe, dass Lehrbücher auch nicht zitiert werden dürfen."

„Ich fasse das gerne für euch zusammen, schließlich haben wir Zitierfähigkeit und Zitierwürdigkeit von Quellen im Kurs zum wissenschaftlichen Arbeiten ausführlich behandelt und anhand von vielen Beispielen geübt. Diesbezüglich fühle ich mich ausnahmsweise sehr sicher. Man muss sich nur an folgenden Kriterien orientieren", sagte Annkathrin und holte mehrere Einzelblätter aus ihrem Ordner. Das erste Blatt legte sie auf den Tisch.

Tipp!

Prüfkriterien zur Zitierwürdigkeit und Zitierfähigkeit von Quellen

- Vertrauenswürdigkeit der Quelle
- Ursprung der Quelle
- Aktualität der Quelle
- Verfügbarkeit der Quelle

„Schaut, wie einfach das ist. Orientiert euch an diesen vier Kritereien und ihr könnt sicher sein, dass die Quelle problemlos zitiert werden darf", meinte Annkathrin mit einem entspannten Lächeln. Die Freunde schauten wortlos und total verblüfft auf das Blatt, bis Kevin das Schweigen brach: „Kannst du das vielleicht noch ein wenig erläutern?" „Sehr gerne", sagte Annkathrin, der dieser Abend besonders viel Freude bereitete.

Vertrauenswürdigkeit der Quelle

„Über Vertrauenswürdigkeit von Quellen haben wir schon ausreichend bei den Ansprüchen an die Wissenschaftlichkeit diskutiert. Das dürfte spätestens jetzt jedem von uns klar sein. Die Autoren der Literatur, die wir zitieren, müssen die Ansprüche an die Wissenschaftlichkeit selbst erfüllen, damit wir sie zitieren können. Diese Quellen müssen objektiv und fachlich richtig, reliabel und valide sein. Die moralischen Ansprüche müssen ebenfalls erfüllt werden. Wenn ihr also irgendwelche Literatur habt, die vielleicht super zu eurem Thema passt, darin gibt es aber keine Literaturbelege, dann trennen die Verfasser nicht zwischen der Eigenleistung und Fremdleistung. Diese Quellen dürfen wir dann auf gar keinen Fall zitieren. Vertreter einseitiger Interessen dürfen ebenfalls nicht zitiert werden. Genauso wenig wie irgendwelche fundamentalistischen Sektierer und Volksverhetzer", sagte Annkathrin. „Es sei denn, ihre Veröffentlichungen sind selbst Gegenstand der Forschung."

Ursprung der Quelle

„Beim Ursprung der Quelle unterscheidet man zwischen Primär- und Sekundärliteratur. **Primärliteratur** ist die Originalliteratur. Wenn wir heute Abend an diesem Tisch eine bahnbrechende Idee hätten oder einen Lösungsansatz für ein Problem finden und das zu Papier bringen würden, dann wäre das Primärliteratur. Wird unser Werk – also die Primärliteratur – von einer anderen Person kommentiert, beurteilt oder noch mal beschrieben, dann nennt man diese Quelle **Sekundärliteratur**. In einer wissenschaftlichen Arbeit sollte immer nur die Primärliteratur zitiert werden. Verstanden?“, fragte Annkathrin. „Nö“, antwortete David. „Schaut, so eine Karikatur, die ich sehr nett finde, habe ich zu diesem Thema gefunden. Jetzt wird es doch klarer, oder?“, fragte Annkathrin erneut und legte ein weiteres Blatt auf den Tisch.

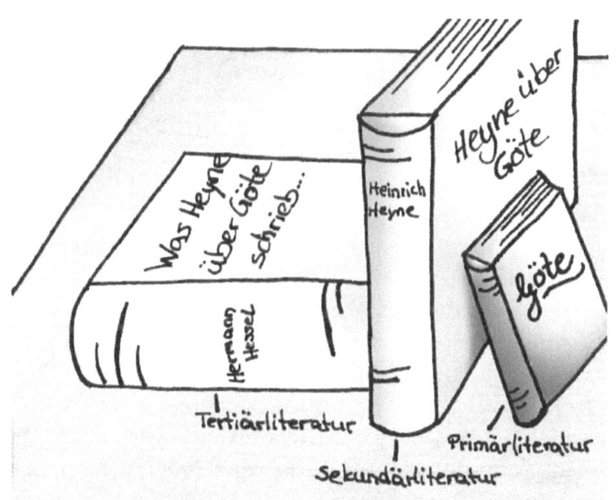

Abb. 5: Primär-, Sekundär- und Tertiärliteratur

„Hey, das ist lustig, wo hast du diese Karikatur denn her?“, fragte Kevin sofort. „Weiß ich nicht mehr“, antwortete Annkathrin. „Das ist aber eine sehr schlampige wissenschaftliche Arbeitsweise, meine Liebe. Du weißt doch, dass wir immer alles belegen müssen“, sagte Kevin mit erhobenem Zeigefinger. „Ja, ja, ich würde ja auch niemals so eine Abbildung in einer wissenschaftlichen Arbeit darstellen, ohne zu belegen, vom wem diese Abbildung ist“, konterte Annkathrin schuldbewusst und alle fingen an zu lachen. „Jetzt weiß ich auch, warum man keine Lehrbücher in einer Abschlussarbeit zitieren sollte“, sagte David.

„Autoren eines Lehrbuchs stellen dort alle wesentlichen Aspekte, Forschungsansätze, Theorien, empirische Befunde, Studien etc. zu einem Themengebiet gut strukturiert zusammen, damit wir besser lernen können. Deswegen heißt es ja auch Lehrbuch. Die Verfasser und Verfasserinnen von Lehrbüchern haben all diese Studien aber ja nicht selbst durchgeführt, deshalb sind Lehrbücher Sekundärliteratur."

„Aha." Nora hatte den Gedanken verstanden.

„Wenn ich also in einem klassischen BWL-Lehrbuch, wie z.B. dem Wöhe, etwas über Porters Wettbewerbsstrategien lese und in meiner Abschlussarbeit über Wettbewerb schreiben möchte, dann muss ich Porter zitieren und nicht Wöhe."

„Exakt!", erwiderte Annkathrin ruhig und fügte hinzu: „Dir ist natürlich klar, dass du die Primärliteratur, also in dem Fall die Quelle von Porter, auch in der Hand haben musst, bevor du sie zitierst." „Aber selbstverständlich!", antwortete Nora.

„Und was mache ich, wenn ich ausgerechnet diese Primärquelle nicht kriegen kann, weil sie z.B. in meiner Bibliothek gar nicht da oder bereits ausgeliehen ist?", fragte David. „Wenn sie ausgeliehen ist, musst du leider warten – meist kannst du das Buch vormerken, also eine Reservierung für dich als nächsten Entleiher vornehmen. Wenn die Quelle aber gar nicht da ist, suchst du sie in einer anderen Bibliothek und beschaffst sie per Fernleihe", antwortete Annkathrin. „Und wenn dieses Primärwerk in ganz Deutschland nicht ausgeliehen werden kann, weil keine Bibliothek es hat? Was ist, wenn ich das Buch nicht beschaffen kann, weil ausgerechnet dieses Primärwerk so wertvoll ist, dass nur eine einzige Bibliothek in Timbuktu es hat und eine Fernleihe unmöglich ist?", bohrte David weiter. „Also – in manchen Fällen funktioniert auch eine Fernleihe aus dem Ausland, aber ob das bei Timbuktu klappt? In so einem Ausnahmefall, kannst du auf Sekundärliteratur ausweichen. Aber du solltest nicht lügen und den Eindruck erwecken, dass du das Original gelesen hast. Denk an die moralischen Ansprüche. In so einem Fall muss man neben der Originalquelle auch die Quelle angeben, in der das Zitat steht, gekennzeichnet mit ‚zit. nach', wobei ‚zit.' für ‚zitiert' steht", sagte Annkathrin.

„Wenn ihr euch die Karikatur noch mal genauer anschaut, dann wird euch jetzt klar, dass ihr auf einen Bezug auf **Tertiärquellen**, also auch Zitate aus einer Quelle, die eine andere Quelle zitiert, völlig verzichten solltet. Das ist wirklich absolut tabu!", betonte Annkathrin. „Was ist denn aber, wenn ein Autor etwas über die Wettbewerbsstrategien von

Porter schreibt, meinetwegen eine Analyse oder ein Anwendungsbeispiel? Kann ich das zitieren?" „Ja, klar – denn das ist ja dann wieder Primärliteratur. Die Analyse bzw. das Anwendungsbeispiel ist Eigenleistung des anderen Autors."

Aktualität der Quelle

„Die weiteren Kriterien zur Prüfung, ob eine Quelle zitiert werden darf, sind einfacher", führte Annkathrin weiter aus. „Es sollte immer die neueste Literatur zitiert werden. Bücher sind immer in der neuesten veröffentlichten Auflage zu zitieren. Das gilt natürlich auch für Gesetzestexte, Normen, Vorschriften. Bei den Fachzeitschriften ist Aktualität ebenfalls wichtig. Wenn ihr sehr viele Fachartikel zu eurem Thema habt, dann sind die neuesten Veröffentlichungen vorrangig. Es macht schließlich keinen Sinn, zu einem Thema vier Jahre alte Artikel zu zitieren, wenn es neuere Erkenntnisse gibt", sagte Annkathrin.

„Moment mal, jetzt habe ich eine Frage", sagte Nora. „Nehmen wir mal an, ich brauche für meine Argumentation die Beschreibung der Bedürfnispyramide von Maslow. Maslow hat dies im letzten Jahrtausend (!) geschrieben. Der Mann schreibt nichts mehr. Er ist längst tot. Wenn ich die Primärliteratur zitieren soll, dann ist die eben ein paar Jahrzehnte alt. Geht das? Kann ich Maslow zitieren?" „Na klar, das ist ein absoluter Klassiker. Wenn du ihn nicht zitieren würdest, müsstest du auf Sekundärliteratur ausweichen und das sollte man nur in Ausnahmefällen, erinnerst du dich?", antwortete Annkathrin und legte eine Zusammenfassung der bisher besprochenen Aspekte zur Zitierwürdigkeit von Quellen auf den Tisch.

Verfügbarkeit der Quelle

„Die Verfügbarkeit der Quelle hat etwas mit ihrer Zitierfähigkeit zu tun. Aus Gründen der Nachvollziehbarkeit und Nachprüfbarkeit sollte eine Quelle, die wir zitieren, in der Regel veröffentlicht und von der Allgemeinheit mit einem vertretbaren Aufwand zu beschaffen sein. Das ist dann der Fall, wenn die Quelle im Buchhandel bzw. in den Bibliotheken oder im Internet verfügbar ist. Bei Fachzeitschriften ist das immer gegeben", sagte Annkathrin. „Bei nicht zitierfähigen Quellen, die für eure Arbeit aber besonders wichtig sind, werden manchmal Ausnahmen zugelassen, wenn man die Quelle im Anhang verfügbar macht. Das entscheidet dann in der Regel der Betreuer." Annkathrin legte ihren drei Freunden eine weitere Abbildung auf den Tisch.

<table>
<tr><th>Zitierwürdige Quellen</th><th>Nicht zitierwürdige Quellen</th></tr>
<tr><td>• wissenschaftliche Fachliteratur
• Primärliteratur
• Sachverhalte von Organisationen/ Unternehmen (wenn der Text objektiv, reliabel und valide ist)</td><td>• nicht wissenschaftliche Literatur, Unterhaltungsliteratur, Publikumsliteratur
• Sekundär- & Tertiärliteratur
• Allgemeinlexika, Wikipedia, Lehrbücher</td></tr>
<tr><th colspan="2">Ausnahmen</th></tr>
<tr><td colspan="2">• Nicht wissenschaftliche Literatur: zitierwürdig nur, wenn es aufgrund der Aktualität noch keine wissenschaftlichen Quellen zu dem Thema gibt. Die zitierten Informationen müssen jedoch nutzbar sein (objektiv, reliabel, valide).
• Publikumsliteratur: zitierwürdig nur, wenn in der Publikumsliteratur neue Informationen (Fakten) aus erster Hand bekannt gegeben werden (z.B. ein Interview mit einem Wissenschaftler über seine aktuellen Forschungsergebnisse). Es dürfen aber nur Fakten und keine Interpretationen zitiert werden!
• Die Quelle ist der Betrachtungsgegenstand: zitierwürdig, um Informationen abzuleiten (z.B. eine Arbeit über den Kölner Stadtanzeiger. Dann darf dieser ausnahmsweise zitiert werden).</td></tr>
</table>

Tab. 7: Zur Zitierfähigkeit von Quellen

<table>
<tr><th>Zitierfähige Quellen</th><th>Nicht zitierfähige Quellen</th></tr>
<tr><td>• Artikel in Fachzeitschriften
• Printmedien, Monographien,
• Berichte, Essays,
• Online-Fachzeitschriften
• Online-Artikel, die in Datenbanken und digitalen Bibliotheken veröffentlicht wurden
• Tonaufnahmen, Kunstwerde, Sachmaterialen, Patente</td><td>• nicht veröffentlichte Forschungsergebnisse
• örtlich zugängliche Medien, die nicht publiziert wurden (z. B. Seminararbeiten)
• vertrauliche Unternehmensinformationen und unternehmensinterne Inhalte</td></tr>
<tr><th colspan="2">Ausnahmen</th></tr>
<tr><td colspan="2">• selbständig durchgeführte Interviews nur dann, wenn die Interviews im Anhang der Arbeit zitierfähig gemacht werden!
• Manuskripte, Konferenzbeiträge, Präsentationen und unternehmensinterne Informationen nur dann, wenn diese im Anhang der Arbeit zitierfähig gemacht werden!
• Rücksprache mit dem Betreuenden</td></tr>
</table>

Tab. 8: Zur Zitierwürdigkeit von Quellen

„Wenn man allerdings Zugriff auf ein unveröffentlichtes Manuskript oder beispielsweise eine nicht veröffentlichte Bachelor-Arbeit hat, kann man daraus auch zitieren, auch wenn diese Literatur nicht allgemein verfügbar ist. Es sollte aber die absolute Ausnahme sein. Gute Beispiele dafür sind Vorträge auf wissenschaftlichen Konferenzen, wenn Manuskripte oder Präsentationen verteilt wurden. Oder wissenschaftliche Arbeiten, die vorher beim selben Unternehmen geschrieben wurden, über das die eigene Arbeit verfasst wird."

Kevin schaute nachdenklich und sagte: „Ich habe immer Probleme mit Internetquellen. Wir leben im digitalen Zeitalter, da ist doch das Internet am einfachsten zugänglich. Was darf ich denn daraus zitieren und was nicht?" Annkathrin antwortete ihm: „Ich gebe zu, das Internet ist verlockend, weil die Internetquellen leicht verfügbar sind. Im Netz müssen wir jedoch besonders gut überprüfen, ob die Seite zitierwürdig ist. Das ist sie dann, wenn die wissenschaftliche Seriosität gegeben ist und der Autor bzw. die herausgebende Institution bekannt sind. Texte können von verschiedenen Personen online schnell veröffentlicht werden, leider können sie aber genauso schnell wieder verschwinden oder geändert werden. Wir müssen also sicherstellen, dass wir auch nach Jahren noch die digitalen Quellen unserer wissenschaftlichen Arbeit vorweisen können. Selbst wenn die Internetseite zwischenzeitlich nicht mehr existiert. Schaut her, hier habe ich euch etwas mitgebracht." Annkathrin zeigte allen ihre letzte Zusammenfassung.

Zitierwürdige Internetseiten	**Nicht zitierwürdige Internetseiten**
• Urheber bzw. Autorname bekannt • deutliche Überschrift erkennbar • vollständiges Impressum vorhanden • hoher Informationsgehalt	• Urheber ist unbekannt • keine Überschrift erkennbar • Quelle erscheint als Eintrag in einem Forum, Chat, Blog oder Kommentar
Hinweise	
• Unbedingt Zitierregeln beachten! • URL und Zugriffsdatum bitte notieren. • Es wird empfohlen die zitierten Texte aus dem Internet zu kopieren oder Screenshots zu erstellen und mit URL und Zugriffsdatum in einer separaten Datei zu speichern. Prüfer verlangen bei der Abgabe einer wissenschaftlichen Arbeit häufig diese Datei zusätzlich.	

Tab. 9: Zur Zitierwürdigkeit von Internetseiten

Die Freunde schauten sich sichtlich zufrieden an. „Das war eine echt produktive Sitzung", meinte Kevin. „Ich habe jetzt alles verstanden." „Lasst uns das mal testen", schlug David vor. „Ich nenne euch jetzt ein paar Quellen und ihr prüft anhand der Kriterien, die wir gerade besprochen haben, ob man sie zitieren kann", fuhr er fort. „Okay!", „Gerne!", „Nur zu!" waren die Antworten.

Beispiele

„Kann ich aus der ‚Wirtschaftswoche' oder dem ‚Manager Magazin' zitieren?", fragte David. „Nein, weil es ein **journalistisches Produkt** ist und damit nicht wissenschaftlich", lautete Noras Antwort. „Wann könnte ich es eventuell doch zitieren?", bohrte David weiter. „Auf gar keinen Fall für die wissenschaftliche Argumentation, weil es eben eine nicht wissenschaftliche Quelle ist", wiederholte Annkathrin, „aber es wäre eingeschränkt möglich, wenn ich in meiner Arbeit lediglich publizierte Meinungen zusammenstelle oder diese Meinung nur als Unterstützung brauche, z.B. in der Einleitung oder wenn diese Zeitschriften selbst Gegenstand meiner Betrachtung sind, also wenn ich z.B. eine wissenschaftliche Arbeit über die Berichterstattungen in der Wirtschaftswoche schreibe. Ein Interview mit einer Person, das nur dort veröffentlicht ist, ist auch so ein Beispiel. Oder Statistiken, die vom jeweiligen Verlag in Auftrag gegeben wurden und nur in diesen Zeitschriften zu finden sind." „Gut", antwortete David.

„Nächster Fall: Darf ich ein **Lehrbuch** zitieren?" „Nein", „Natürlich nicht, das ist Sekundärliteratur", waren die Antworten.

„Darf ich eine **Bachelor-Arbeit** zitieren?", fragte David. „Ich denke schon", sagte Nora. „Schließlich ist das doch eine wissenschaftliche Arbeit. Aber sie ist nicht allgemein verfügbar, vielleicht ändert das etwas? Eventuell nur, wenn sie veröffentlicht wurde?" Kevin konterte: „Aber bei uns werden doch die Bachelor-Arbeiten in der Lehrstuhlbibliothek zur Verfügung gestellt, dann sind sie doch verfügbar." „Aber nicht, wenn du in einer anderen Stadt wohnst und keinen Zugang zu Eurer Bibliothek hast", erwiderte Annkathrin. „Nur: Spielt das wirklich eine Rolle?" David guckte in die Runde und sagte: „Hey Leute, selbstverständlich darf man aus einer Bachelor-Arbeit zitieren, man muss es sogar, wenn man Zugriff darauf hat. Annkathrin hatte dafür doch gerade eben gute Beispiele. Man kann auch aus einem **Vortrag** oder einem **unveröffentlichten Manuskript** zitieren, aber man muss das dann entsprechend kenntlich machen. Wenn ich nämlich eine Bachelorarbeit vorliegen habe und sie nicht zitieren darf, habe ich leichtes Spiel: Ich schreibe ab und gebe das als Eigenleistung aus. Kann ja keiner nachprüfen! Und selbst wenn ich erwischt werde, kann ich immer noch sagen, dass ich das schließlich nicht zitieren durfte. De facto werde ich allerdings aus anderen Abschlussarbeiten immer nur sehr wenig zitieren können, da die meisten Absätze dort mit Belegen versehen sind. Zumindest bei den besseren Arbeiten, und in dem Fall ist die Bachelor-Arbeit dann die Sekundärquelle, die man nicht zitieren sollte", stellte David klar.

„Und was ist mit „**Leitfäden für die Praxis**" oder anderen **allgemeinen Ratgebern**. Sind die zitierwürdig?", fragte Nora. Die Freunde waren sich nach einer kurzen Diskussion alle einig, dass solche Veröffentlichungen nicht zitierwürdig sind, da hier keine Trennung der Eigenleistung von der Fremdleistung vorgenommen wird. „Ah – und wenn jemand aus unseren Gesprächen hier ein Buch machen würde, wäre es ebenfalls nicht zitierfähig. Es wäre ein Ratgeber oder Leitfaden ohne große Belege, nur vielleicht mit ein paar Literaturhinweisen." „Genau!"

„Aus dem **Intranet des Unternehmens**, bei dem ich im letzten Semester ein Praktikum gemacht habe, möchte ich eine Statistik zitieren. Ist das zulässig?", fragte Nora weiter. „Ja, es ist zulässig, aber meistens musst du solche Informationen archivieren, in einer separaten Datei speichern und für die Prüfer bereithalten – das gilt auch für viele PDF-Dateien, Internetseiten und Videos als Quellen. Die genaue Regelung steht wieder in der jeweiligen Anleitung oder muss mit dem Betreuer besprochen werden", erläuterte Kevin.

„Okay, Leute, ich glaube wir haben es langsam drauf. Aber eine letzte Frage hätte ich noch: Darf der **Brockhaus** zitiert werden oder eine andere mehrbändige **Enzyklopädie**?" David guckte gespannt. Die vier Freunde guckten sich etwas länger an und überlegten eine Weile, bevor eine klare Antwort kam.

„Nein, es handelt sich hierbei um Allgemeinlexika. Für eine wissenschaftliche Arbeit sollten Lexika aus dem Fachgebiet zitiert werden, z.B. aus Gablers Wirtschaftslexikon oder aus der Enzyklopädie der BWL."

*„Ah – das ist auch der Grund, warum wir niemals aus **Wikipedia** zitieren sollten. Es ist ein Allgemeinlexikon!"*

Kevin war sehr zufrieden. „Leute, ich habe heute mit euch echt viel gelernt. Lasst uns jetzt was trinken und das Thema wechseln. Schließlich gibt es auch ein Leben neben dem Studium, das man genießen sollte!"

10 Vom Dachthema zur Forschungsfrage

Eine Woche später trafen sich die vier Freunde wieder. „Leute, so langsam wird es ernst“, sagte Annkathrin und schaute besorgt in die Runde. „Am Montag werden bei uns die Themen vergeben und ich bin total gespannt, was ich bekomme. Eigentlich würde ich mir wünschen, meine Abschlussarbeit über ein selbst gewähltes Thema zu schreiben, aber bei den Massen, die bei uns am Lehrstuhl schreiben, ist das wohl nicht möglich.“ „Oh, sag das nicht“, entgegnete ihr Kevin. „Ich muss ein Thema selbst vorschlagen, aber das ist viel schwieriger, als ich dachte. Ich habe überhaupt keine Ahnung, worüber ich schreiben soll und wie ich ein Thema formuliere. In unserem Leitfaden steht nur, dass das Thema wissenschaftlich relevant sein soll. – Wie sieht das bei dir aus, David?“, fragte Kevin. „Ach, auch nicht besser. Wir bekamen ein Dachthema vorgegeben. Es heißt ‚Virtuelle Realität‘. Jetzt haben wir zwei Wochen Zeit, um uns Gedanken zu machen und das Dachthema einzugrenzen. In zwei Wochen sollen wir ein konkretes Thema einreichen und dazu müssen wir uns noch eine oder zwei Forschungsfragen überlegen.“ Nora unterbrach ihn: „Hey, Forschungsfragen muss ich auch entwickeln. Wir haben eine Themenliste erhalten und müssen ein Thema daraus bearbeiten. Als ich fragte, was ist, wenn zwei Leute das gleiche Thema wählen, sagte mir der betreuende Assistent, dass das nicht schlimm wäre, da sich sowieso jeder eine eigene Forschungsfrage überlegen muss. Damit ist Abschreiben ohnehin nicht möglich“, sagte Nora mit einem Lächeln. „Und warum freust du dich jetzt so?“, fragte Kevin. „Weil ich das Glück hatte, dass der Assistent an diesem Tag sehr ausführlich darauf eingegangen ist, wie man denn vom Dachthema zur Forschungsfrage kommt. Heute können wir also alle von meinem letzten Seminartermin profitieren. Ich habe für jeden von uns etwas dabei“, sagte Nora und legte ihren Arbeitsordner auf den Tisch.

Dachthema als Ausgangspunkt

„Wenn ihr ein eigenes Thema einreichen sollt oder dürft, dann solltet ihr zunächst einen sehr breiten Themenbereich wählen. Das ist dann das sogenannte Dachthema“, führte Nora weiter aus. „Nach welchen Kriterien wähle ich dieses Dachthema denn aus?“, fragte David sofort. „Das Dachthema kann ein Interessenschwerpunkt von dir sein. Wir haben diese Übersicht über grundlegende Fragen bekommen:“

Tipp!

Entwicklung eines Themas

- Welche Veranstaltungen haben mich im Studium besonders stark interessiert?
- Mit welchen Themenbereichen beschäftige ich mich gerne?
- Habe ich in der Praxis besondere Erfahrungen gesammelt?
- Bin ich in der Praxis auf ein besonderes Problem gestoßen?
- Habe ich irgendwo etwas gelesen, was ich intensiver bearbeiten möchte?

„Mit diesen Fragen kann man sich ein Dachthema wählen. Dann muss man dazu eine Liste von Begriffen und ihren Synonymen zusammenstellen. Mit ihrer Hilfe wird anschließend das Dachthema analysiert. Hierzu habe ich ein weiteres Merkblatt erhalten", sagte Nora und zeigte das zweite Blatt in ihrem Ordner.

Tipp!

Analyse des Dachthemas

Thematik

- Was finde ich besonders spannend oder interessant?
- Was möchte ich wissen?
- Was möchte ich herausfinden?
- Wie lautet das vorläufige Thema?

Problematik

- Welche Fragen und Probleme möchte ich klären?
- Welche Perspektive (unternehmensintern/-extern) werde ich hierbei einnehmen?
- Für welche Personengruppen (Mitarbeiter, Kunden, Lieferanten, andere Anspruchsgruppen, Gesellschaft) sind diese Fragen und Probleme besonders relevant?

Forschungsstand

- Sind die Fragen/Probleme noch aktuell/relevant?
- Welche Theorien kommen als Erklärungsansatz infrage?

- Wer hat sich in der Wissenschaft mit diesen Fragen/ Problemen bereits intensiv auseinandergesetzt?
- Gibt es wichtige Untersuchungen zu meinem Thema?
- Welche Methoden hat man bisher eingesetzt?

„Wie ihr sehen könnt, ist schon bei der Analyse des Dachthemas eine Recherche notwendig. Bevor wir uns zu dem Thema eine konkrete **Forschungsfrage** überlegen, ist die vorhandene Literatur aufzuarbeiten. Vorhandene Forschungsberichte und empirische Studien zu dem Thema sollten bekannt sein. Nur so können wir sicherstellen, dass wichtiges Material berücksichtigt wird und wir mit unserer Arbeit nicht hinter dem bereits erreichten Forschungsstand zurückbleiben. Durch dieses Vorgehen werden die Vorstellungen über die Art der eigenen Abschlussarbeit präzisiert und es wird klarer, welcher Schwerpunkt in unserer Abschlussarbeit eine wichtige Rolle spielen wird bzw. soll" führte Nora fort. „Auch dazu habe ich eine Folie erhalten:"

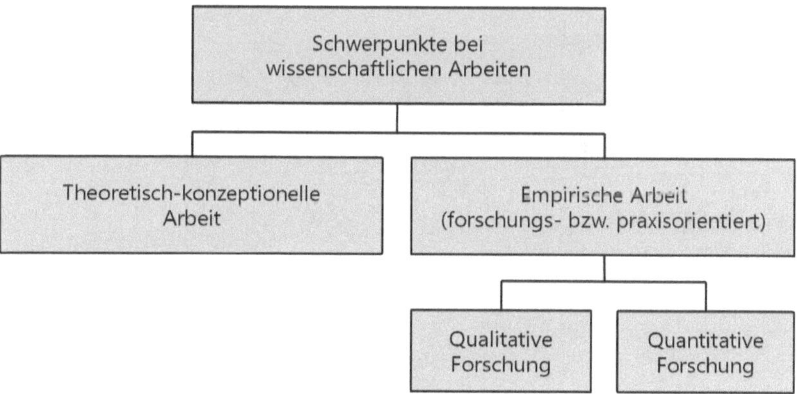

Abb. 6: Arten von wissenschaftlichen Arbeiten

„Im Rahmen einer **theoretisch-konzeptionellen Arbeit** befasst man sich ausschließlich mit der wissenschaftlichen Literatur. Ziel dabei ist, die Literatur zum Thema möglichst vollständig zu erfassen. Die dabei gewonnenen Informationen müssen dann systematisch aufbereitet und im Hinblick auf die Forschungsfrage analysiert werden. Bewertet wird bei einer solchen Arbeit besonders die Strukturierungsleistung", sagte Nora.

„Das ist nicht dein Ernst", erwiderte David entsetzt. „Ich mache nichts Eigenes bei einer theoretisch-konzeptionellen Arbeit?" „Doch", war die Antwort. „Deine Eigenleistung besteht vor allem aus der Erfassung und kritischen Auseinandersetzung mit der wesentlichen Literatur, der Entwicklung zum Beispiel von Definitionen, Klassifikationsschemata oder Typologien. Außerdem eben die strukturierte Darstellung von Begründungszusammenhängen, die für das Thema relevant sind. Ein zentrales Ziel so einer theoretisch-konzeptionellen Arbeit ist die Verbesserung, Vereinfachung und vor allem Systematisierung der Darstellung schon bekannter, aber bisher noch nicht in einer einzigen Arbeit zusammengefasster Fakten. Und die Forschungsfrage bestimmt dabei das Ziel dieser Strukturierungsleistung", antwortete Nora. „Es gab da noch eine Übersicht mit Beispielen:"

Tipp!

Beispiele für theoretisch-konzeptionelle Arbeiten

- Darstellung des Forschungsstandes in einer bestimmten Wissenschaftsdisziplin zu einem bestimmten Themenbereich
- Formulierung von Handlungsempfehlungen für bestimmte Fälle
- Entwicklung einer strategisch-konzeptionellen Empfehlung
- Eingrenzung von potenziellen Entwicklungsszenarien
- Konzeption von bestimmten Maßnahmenempfehlungen für besondere Zwecke (beispielsweise aus dem konkreten Arbeitsumfeld)
- Eine theoretische Analyse der Wirkung einer Variable X auf eine andere Variable Y

„Bei **empirischen Arbeiten** muss natürlich auch der Stand der Forschung zum Untersuchungsgegenstand dargestellt werden. Zusätzlich werden hier jedoch Daten erhoben, überprüft und interpretiert. Es gibt dabei zwei Arten von empirischer Forschung – qualitativ und quantitativ."

Qualitative Untersuchungen

„Das Ziel der qualitativen Forschung ist das Erkennen, Beschreiben und Verstehen von Zusammenhängen. Dazu nutzt man sogenannte **offene, nicht standardisierte Erhebungsverfahren**, wie z.B. Interviews, Expertengespräche, Gruppendiskussionen, qualitative Beobachtung oder qualitative Experimente. Meist wird die Vorgehensweise dann schriftlich festgehalten und in die Arbeiten übernommen, z.B. in Form von Gesprächsprotokollen. Außerdem gibt es Auswertungsverfahren dafür.

Die **qualitative Forschung** ist beispielsweise notwendig, wenn das

Thema so neu ist, dass es kaum Literatur gibt. Die noch nicht erforschte Thematik will man ja zunächst verstehen und strukturieren. Ich muss dann den Untersuchungsgegenstand vollständig erfassen und gegebenenfalls interpretieren. Wenn ich dazu Interviews brauche, muss ich beispielsweise erkennen, aus welcher Perspektive die befragten Personen antworten und wie gut sie das, was ich untersuchen will, beurteilen können.

Die Methoden, die bei solchen qualitativen Untersuchungen angewendet werden, beschränken sich in der Regel auf kleine Fallzahlen. Damit sind dann meist auch keine komplexeren statistischen Analysen möglich oder erforderlich. Die gewonnenen Ergebnisse sind zwar nicht repräsentativ aus einer statistischen Sicht, aber sie können als Grundlage für Hypothesen dienen.

Sehr typisch für solche qualitativen Untersuchungen im Rahmen von unseren Abschlussarbeiten sind Unternehmensberatungsfragen. Manchmal schreibt man ja seine Arbeit in einem Unternehmen und soll dort eine bestimmte Fragestellung aus der Praxis untersuchen. Das erfolgt oft mit Experteninterviews – da werden die Leute, die sich z.B. in den betroffenen Abteilungen auskennen, zu der Problematik befragt. Trotzdem braucht man natürlich den theoretischen Hintergrund, der dann auf die konkreten Gegebenheiten angewendet wird."

Quantitative Untersuchungen

„Bei **quantitativen Untersuchungen** werden Sachverhalte gemessen und Gesetzmäßigkeiten erforscht. Die Forschungsfrage wird aus einem oft gut erforschten theoretischen Hintergrund gestellt und in der Regel zunächst zu Hypothesen umgesetzt. Diese sind dann die Grundlage der Untersuchungen. Das Ziel ist die Darstellung beispielsweise von Ursachen, Auswirkungen oder Zusammenhängen bestimmter Fakten, die man beobachtet hat.

Meist werden sogenannte ‚standardisierte Erhebungsmethoden' verwendet. In der Regel sind das in den Wirtschaftswissenschaften schriftliche oder online verfügbare Fragebögen. Durch die Standardisierung kann man die Antworten einer Vielzahl von Befragten unmittelbar vergleichen. Aber Experimente und Beobachtungen sind natürlich auch möglich.

Der Vorteil solcher Erhebungsmethoden ist, dass sich die Befragungsergebnisse mit statistischen Methoden sehr gut auswerten lassen. Ihr erinnert euch bestimmt an Stichwörter wie Korrelationsanalyse, Varianzanalyse und Regressionsanalyse. Oder einfacher auch statistische Kennzahlen, wie Mittelwert, Standardabweichung und Varianz. Für solche Auswertungen stehen uns

eine Reihe von Softwareprogrammen zur Verfügung, Excel natürlich, aber auch beispielsweise SPSS.

Allerdings sind bei solchen Untersuchungen relativ große Zahlen von Fragebögen, Beobachtungen oder Experimenten nötig. Dazu muss aber schon etwas mehr Zeit zur Verfügung stehen als nur die neun Wochen Bearbeitungszeit, die ich für meine Arbeit habe. Daher werde ich so etwas frühestens bei der Masterarbeit machen können. Und ihr ja wohl auch." „Stimmt!"

„Zwei Beispiele für empirische Arbeiten haben wir noch bekommen. Mit diesen konkreten Fragestellungen wird das Ganze etwas deutlicher:"

Beispiel!
Empirische Arbeiten

- Untersuchung des Zusammenhangs zwischen einer Variable A und einer Variable B (z.B. des Zusammenhangs zwischen Mitarbeiterzufriedenheit und Kundenzufriedenheit)
- Untersuchung der Auswirkungen einer Variable A auf eine Variable B (z.B. Wie wirkt sich Kundenzufriedenheit auf die Kundenbindung aus?)

Vom Dachthema zum Titel der Arbeit

„Es ist ja schon klar, dass das Dachthema nur ein erster Orientierungspunkt bei der Suche nach einem konkreten Thema und damit nach dem Titel der Arbeit ist. Das eigentliche Thema der Arbeit muss aus dem Dachthema abgeleitet werden. Als Unterstützung hat der Assistent uns dabei folgende Skizze an die Tafel gezeichnet", sagte Nora und legte ein weißes Blatt Papier auf den Tisch. „Dieses Blatt hilft uns jetzt, ein Thema aus unterschiedlichen Perspektiven zu beleuchten. Der Assistent sprach von fünf unterschiedlichen Perspektiven bei der Betrachtung des Dachthemas, die alle zu sehr vielen unterschiedlichen konkreten Einzelthemen führen können. Er hat uns empfohlen das Blatt immer quer zu legen, damit wir genug Raum haben, um alle Gedanken entfalten zu können", erzählte Nora, nahm einen Bleistift und fing an eine Skizze zu zeichnen.

„Wir setzen in der Mitte des Blattes eine Idee, einen zentralen Begriff, ein Wort oder das Dachthema in ein Viereck. Das ist unsere **erste Perspektive**. Wir denken über dieses Wort nach und überlegen uns, welche aktuellen Probleme es zurzeit in diesem Bereich gibt. Ist z.B. das

Begriffsverständnis des Wortes unterschiedlich, könnte es sinnvoll sein die aktuellen Anwendungsbereiche dieses Themas darzustellen etc.

Bei der **zweiten Perspektive** verlagern wir den Blickwinkel und schauen gezielt nach Ursachen, Determinanten, Voraussetzungen, die in Bezug auf unser in der Mitte befindliches Thema möglich bzw. notwendig sind.

Bei der **dritten Perspektive** widmen wir uns ausschließlich den Folgen und Auswirkungen, die das Dachthema für eine einzelne Person, für eine Personengruppe, wie z.B. Kunden/Mitarbeiter/ Lieferanten, oder sogar für die ganze Gesellschaft hat oder haben kann.

Im Rahmen der **vierten Perspektive** betrachten wir bewusst zukünftige Entwicklungen. Sind heute schon Prognosen über das zukünftige Entwicklungspotenzial des Dachthemas möglich? Formulieren irgendwelche Gruppen heute schon Ansprüche, die die Entwicklung des Dachthemas in Zukunft beeinflussen können? Wenn ja, in welche Richtung? Haben der Gesetzgeber oder andere Organisationen einen Einfluss auf die zukünftige Entwicklung des Dachthemas?

Die **fünfte Perspektive** erfordert einen Blick über den Tellerrand hinaus. Hier soll man das Dachthema gezielt in einem anderen Fachkontext betrachten und sich überlegen, welche Einsatzmöglichkeiten in anderen Fachdisziplinen möglich sind.

Hier ist noch einmal die Übersicht über die fünf Perspektiven", sagte Nora, legte den Stift zur Seite und zeigte den anderen ein weiteres Merkblatt und ihre Zeichnung.

Tipp!

Fünf Betrachtungsperspektiven eines Dachthemas

1. Perspektive: Beschreibung, Messung, Statistiken der Nutzung, Beschreibung der Anwendungsbereiche, Vor- und Nachteile, Vergleich unterschiedlicher Länder/ Zielgruppen etc.
2. Perspektive: Ursachen, Determinanten, Voraussetzungen
3. Perspektive: Auswirkungen, Folgen
4. Perspektive: Blick in die Zukunft: Trends, Prognosen, zukünftige Entwicklungen, Probleme
5. Perspektive: Bezug bzw. Anwendungsmöglichkeiten in anderen Fachbereichen

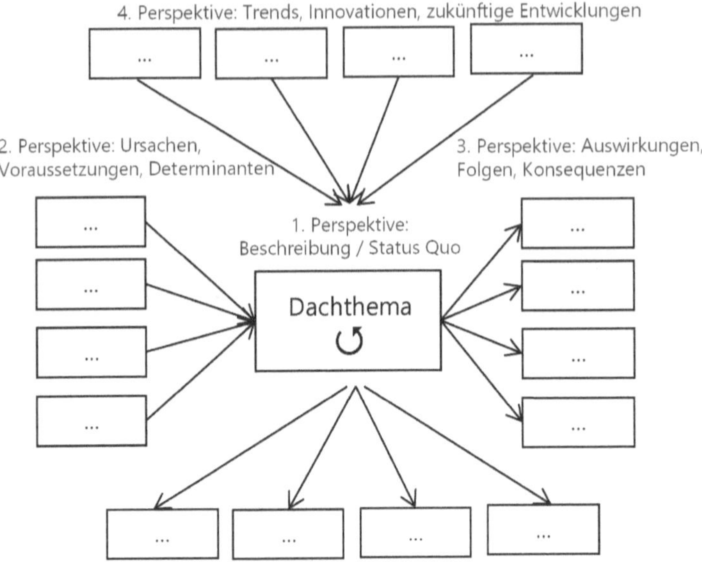

Abb. 7: Mögliche Perspektiven für die Eingrenzung des Dachthemas

Die drei anderen waren zunächst sprachlos. Dann meinte David mit einem kritischen Blick: „Du, Nora, das hört sich ja nett an, aber das funktioniert doch nicht immer. So kann ich doch niemals viele brauchbare Themen gewinnen, wenn ich nur ein wenig rumspinne. Oder doch?" „Aber ja", entgegnete Nora. „Das Ziel ist doch nicht, so viele brauchbare Ideen wie möglich zu erhalten, sondern zunächst sehr viele Assoziationen zuzulassen. Wichtig ist, dass wir bei dieser Betrachtung unsere Kreativität wecken. Wir sollten uns so viele Einfälle wie möglich überlegen und auch mit anderen Personen über diese Thematik diskutieren, sodass wir immer mehr Impulse für neue Ideen erhalten. Unsere Einfälle sollten sich möglichst unzensiert entfalten. Kritik ist bei dieser Perspektivenbetrachtung verboten. Eine entkrampfte Haltung ist wichtig, damit neue und auch ungewöhnliche Einfälle auftauchen. Es sollte uns von vornherein klar sein, dass vieles von dem, was wir uns im Rahmen dieser perspektivischen Betrachtung ausdenken, später keine Verwendung findet", beteuerte Nora.

„Na toll, und wozu soll ich mir die ganze Mühe machen, wenn vieles von dem, was wir da machen, später keine Verwendung findet?", fragte Annkathrin verzweifelt. „Damit du **EIN Thema** findest. Es geht doch gerade darum, dass du EIN Thema findest, dass du in deiner Arbeit behandeln möchtest. Wenn das Dachthema sehr breit ist, dann musst du dir eine Technik überlegen, wie du das Dachthema eingrenzen kannst. Der Perspektivenwechsel ist so eine Technik, zwar eine von vielen, aber ich finde, sie funktioniert super", entgegnete Nora.

„Moment mal, ich habe doch noch keinen Titel der Arbeit. Wie komme ich bei dieser Technik zu **MEINEM Thema** und **MEINEM Titel der Arbeit**?", wollte Kevin wissen. „Ganz einfach. Schon bei der Betrachtung dieser Perspektiven und bei der Erstellung dieser Skizze zeigt sich, dass dich nicht alle Aspekte gleichermaßen interessieren. du kommst also deinem Interessenschwerpunkt immer näher. Es kann passieren, dass du schon bei der ersten Anwendung des Perspektivenwechsels zu einem Thema kommst, weil du auf etwas äußerst Interessantes gestoßen bist. Es kann aber auch sein, dass du bei der ersten Anwendung dieser Technik dein Dachthema zwar eingegrenzt hast, aber noch keine klare Themenformulierung findest. Dann wiederholst du diese Vorgehensweise, wobei diesmal in der Mitte des Blattes das eingegrenzte Dachthema steht. Die neue Perspektivenüberlegung wird deutlich stärker strukturiert und präziser als die bisherige, weil sie bereits klare Schwerpunkte setzt und damit die Denkimpulse schon in gewählte Bahnen lenkt. Die Betrachtung wird vertieft und konkrete Ideen tauchen auf."

Beispiel zum Dachthema „Virtuelle Realität"

„Okay Leute, dann helft mir doch jetzt bitte mal, mein Dachthema ‚Virtuelle Realität' einzugrenzen. Ich habe euch ja heute Abend schon erzählt, dass ich nur zwei Wochen Zeit habe, bis ich mein konkretes Thema einreichen muss", sagte David. „Kannst Du mal definieren, was genau ‚virtuelle Realität' eigentlich ist?", fragte Annkathrin. „Man hört den Begriff so oft, aber meine Vorstellung davon ist etwas schwammig."
„Der Begriff wurde von einem amerikanischen Informatiker geprägt. Vereinfacht gesagt wird bei der virtuellen Realität die Wirklichkeit mit Hilfe von Computern in Echtzeit dargestellt. In dieser simulierten Realität kann der Mensch virtuelle Gegenstände realitätsnah wahrnehmen und auf sie so reagieren, wie er es in Wirklichkeit tun würde", antwortete ihr David mit einer beinahe druckreifen Definition. „Dabei gibt es aber unterschiedliche weitere Ausprägungen, wie z.B. Mixed Reality und Augmented Reality. Aber das würde echt den Abend sprengen, wenn ich euch jetzt auch noch die Unterschiede erklären müsste", sprach David weiter. „Hey, siehst du, das ist doch schon die **erste Perspektive**. Du kannst das Dachthema an sich betrachten und dich intensiv mit dem Begriff und den unterschiedlichen Definitionen beschäf-

tigen. Man könnte doch die unterschiedlichen Ausprägungsformen von virtueller Realität vergleichend gegenüberstellen, Gemeinsamkeiten und Unterschiede herausarbeiten und vielleicht sogar auf Anwendungsmöglichkeiten eingehen", sagte Nora. „Ich fände es auch interessant herauszufinden, welche Branchen diese virtuelle Realität zu welchen Zwecken einsetzen. Das wäre eine weitere mögliche Herangehensweise an die Eingrenzung des Themas. Dann arbeitest du eben rein deskriptiv und stellst alle Statistiken in deiner Arbeit zusammen", schlug Nora vor.

Während dieser Diskussion nahm David ein weißes Blatt Papier und zeichnete in die Mitte ein Viereck mit dem Begriff „Virtuelle Realität". „Ihr habt recht, ich könnte tatsächlich mal die unterschiedlichen Begriffe gegenüberstellen oder die unterschiedlichen Ausprägungsformen abgrenzen. Aber so rein deskriptiv will ich nicht arbeiten, es sollte schon etwas praxisnäher sein", betonte David.

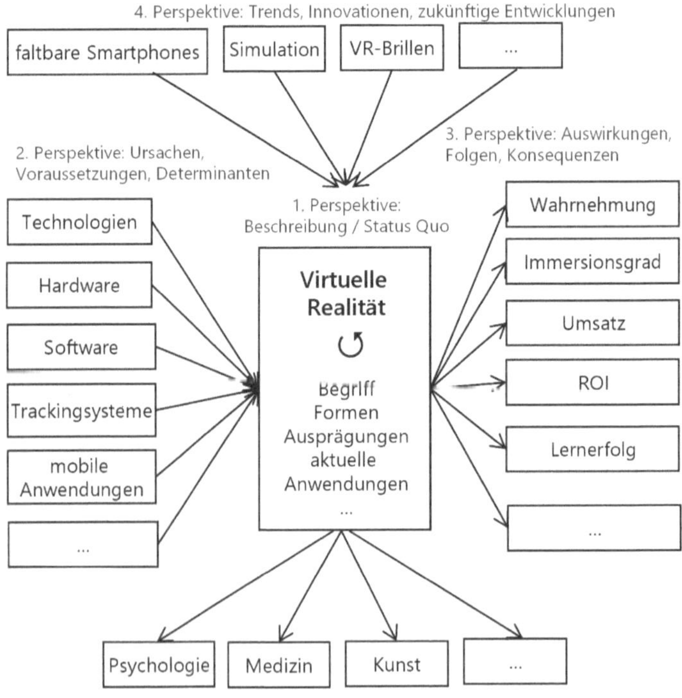

Abb. 8: Eingrenzung des Dachthemas am Beispiel „Virtuelle Realität" mit Hilfe des Fünf-Perspektiven Modells

Im nächsten Augenblick kamen ihm selbst weitere Ideen. „Was ist denn mit der **zweiten Perspektive**? Was war es noch mal? Ursachen, Voraussetzungen, Determinanten – oder nicht? Hier könnte ich z.B. die dafür notwendige Technologie, Hardware oder auch die Software näher betrachten. Ich könnte mich aber auch damit beschäftigen, welche Voraussetzungen gegeben sein müssen, damit diese virtuelle Realität auf einem mobilen Endgerät perfekt dargestellt werden kann."

„Oh ja, das ist ein spannendes Thema", unterbrach ihn Nora. „Mich würde aber eher die **dritte Perspektive** interessieren. Es wäre doch sehr interessant herauszufinden, wie der Mensch auf diese virtuelle Welt reagiert. Was passiert wirklich mit seiner Wahrnehmung? Wenn Kunden ihr Produkt vor dem Kauf in einer 3-D-Welt wahrnehmen können, dann muss es doch unterschiedliche Reaktionen geben. Wird der Kunde zufriedener? Ist der Kunde bereit mehr Geld dafür auszugeben?", fragte sie weiter. „Hey, das stelle ich mir cool vor. Unser Vermieter will für unsere WG eine Einbauküche kaufen. Er hat uns um Vorschläge gebeten. Da werde ich mir mal im Möbelhaus einen Plan erstellen lassen – und dann möchte ich diese Einbauküche virtuell erleben. Ich habe mal gehört, dass das geht", unterbrach Annkathrin. „Hey Mädels, wer denkt hier denn an Einbauküchen? Computerspiele sind doch cool – und da erlebt man doch solche virtuellen Welten. Wenn ich an die Diskussion um solche Spiele denke, sehe ich nicht nur einen Haken bei der Anwendung dieser Technologie. Gibt es vielleicht die Gefahr, dass für manche Menschen die Grenzen zwischen der virtuellen Realität und der Wirklichkeit verschwimmen? Wenn ja, wann ist diese Gefahr am größten? Welche Eigenschaften haben Personen, die hier besonders stark gefährdet sind? Ist doch klar, ich bastle mir in der virtuellen Welt einen Avatar und merke irgendwann nicht mehr, wann ich es bin und wann meine Spielfigur. Ach, mir fallen hier super viele interessante Sachen ein", sagte der sichtlich begeisterte Kevin. „Hmm ... Du hast Recht. Man spricht in diesem Zusammenhang häufig von der sogenannten Immersion. In Zusammenhang mit Computerspielen hat man hier schon einige interessante empirische Studien durchgeführt", bemerkte David.

„Eigentlich habe ich schon sehr viele Ideen und wir haben noch zwei Betrachtungsebenen übrig. Einmal im Rahmen der **vierten Perspektive** der Blick in die Zukunft. Da das ein recht innovatives Thema ist, wird mir diese Perspektive eher schwerfallen, aber bei den Anwendungen in anderen Fachbereichen, das wäre dann die **fünfte Perspektive**, könnte ich über so viele Anwendungsmöglichkeiten schreiben. Da wäre zum Beispiel der Einsatz der virtuellen Realität in der Medizin, beispielsweise bei der Ausbildung von Ärzten oder in der Therapie, aber auch die Anwendung im Militärbereich oder bei der Darstellung von Kunst. Stellt euch vor, ihr müsst nicht mehr ins Museum gehen, sondern könnt alle Kunstwerke zuhause in 3-D betrachten“, führte David weiter aus. „Ja, ich buche in Zukunft keine Reise, bevor ich vorher schon mal in der virtuellen Welt in diesem Hotel gewesen bin und mir alles angeschaut habe“, lachte Annkathrin. „Vielleicht werden wir in Zukunft gar nicht mehr reisen, sondern die virtuelle Erlebniswelt zu Hause buchen und Schluss ist“, meinte Nora. „Ach, wer weiß, was noch alles passieren wird. – Aber lasst uns jetzt mal Davids Zeichnung angucken und die Ergebnisse unserer Diskussion zusammenfassen.“

Beispiel!

Zusammenfassend kann das Dachthema „Virtuelle Realität“ u.a. wie folgt weiter eingegrenzt werden:

[1] Status Quo

- Definition und begriffliche Abgrenzung zu Begriffen wie z.B. Augmented Reality, Augmented Virtuality, Mixed Reality etc.
- Technische Komponenten der virtuellen Realität
- Aktuelle Anwendungsgebiete

[2] Determinanten/Ursachen/Voraussetzungen

- Technologische Voraussetzungen (z.B. bei diversen Endgeräten)
- Gesellschaftliche Akzeptanz der Nutzung bzw. des Einsatzes der virtuellen Realität (Unterschiede in verschiedenen Ländern)
- Rechtliche Voraussetzungen (Datenschutz, gesetzliche Regelungen, Kontrolle)
- Notwendige Qualität der VR-Anwendungen

[3] Auswirkungen der virtuellen Realität

- Nutzerbezogen (z.B. Erleichterung im Alltag, veränderte Wahrnehmung etc.)
- Unternehmensbezogen (z.B. bei Unternehmensstrategien, Produktgestaltung, Produktdesign, Marketing etc.)
- Konsumentenbezogen (Kundenzufriedenheit, Kundenbindung, Interaktion mit Kunden, Kundenakquise etc.)

- Mitarbeiterbezogen (Mitarbeiterführung, Mitarbeiterkontrolle, Mitarbeiterzufriedenheit, Ansatz der virtuellen Führung)
- Veränderungen der zwischenmenschlichen Kommunikation

[4] Zukünftige Auswirkungen, Prognosen, Trends

- Anforderungen an zukünftige Interaktions- und Navigationselemente
- Zukünftige Zielgeräte und Betriebssysteme
- Zukünftige Situationen der Nutzung
- Zukünftige Eingabemöglichkeiten und Steuerungsmöglichkeiten (Touchpad, Stift, Sprache, Gesten)
- Innovative Anwendungsbereiche
- Erweiterung auf andere Sinne/Wahrnehmungsebenen
- Intensivere Erlebbarkeit von Videospielen
- Verdrängung anderer Medien
- Veränderung des Kaufverhaltens in der Zukunft
- Auswirkungen auf das Sozialverhalten
- Veranschaulichung von Arbeitsprozessen

[5] Andere Fachbereiche/Disziplinen

- Medizin (Schulungen, Forschungsbereich, ...)
- Polizei/Militär (Simulationen, Einsatz in der Ausbildung, Kriegssituationen)
- Ausbildung von Piloten (Flugsimulation etc.)
- Produktion (Prototypentwicklungen, Vor- und Nachteile beim Einsatz in der Entwicklung neuer Produkte)
- Architektur/Design (3-D-Darstellung von Modellen, virtuelles Begehen)
- Psychologie (Beeinflussung der Wahrnehmung, Einsatz als Therapieinstrument z.B. bei der Bewältigung von Phobien)
- Museen/Kunst

Kevin guckte immer noch etwas skeptisch und meinte: „Leute, ich finde diesen Ansatz echt gut, aber wie ich von diesem Perspektivenmodell zu meinem eigenen Thema komme, ist mir immer noch nicht ganz klar. So viele mögliche Optionen, die ihr hier habt, da kommt man ja in Stress, wenn man sich festlegen muss." „Wenn du dich am Anfang nicht festlegst, dann gerätst du während der Bearbeitung deiner wissenschaftlichen Arbeit erst recht in Stress", antwortete Nora. „Schau, Kevin! Lass uns noch mal gemeinsam das Fünf-Perspektiven-Modell am Beispiel des Dachthemas Stress durchspielen", schlug Nora vor und zeichnete erneut in der Mitte eines leeren Blattes ein Viereck, in dessen Mitte sie den Begriff Stress kritzelte. „Jetzt seid ihr dran! Schreibt hier alles auf, was euch einfällt, aber achtet auf die Perspektivenzuordnung und darauf, was euch besonders stark interessiert." Während Nora sprach, griffen Annkathrin, David und Kevin zu ihren Kugelschreibern und füllten das Papier aus.

Nach einigen Minuten unterbrach Nora die Schreibarbeit und sagte: „So, das dürfte reichen. Jetzt wählt jeder von euch eine Perspektive und eine Begriffskombination, die ihn am stärksten interessiert. Kevin, du fängst an." Kevin guckte sich das Blatt noch mal kurz an und sagte: „Mich interessiert die Produktivität am Arbeitsplatz." „Also, dann wählst du dieses Thema. Dein vorläufiges Thema wäre dann z. B. ‚Einfluss von Stress auf die Produktivität am Arbeitsplatz'", sagte Nora. „An welchem Arbeitsplatz soll ich das denn machen?", fragte Kevin. „Na, bestimmt wirst du nicht den Arzt, den Dachdecker, den Friseur und die Geschäftsführung gleichzeitig betrachten. Leg dich fest und grenze damit dein Thema weiter ein!", sagte Nora. Nach einer kurzen Denkpause antwortete Kevin: „Ich müsste hierzu natürlich die Literatur recherchieren, aber spontan würde ich den Bürojob nehmen." Nora griff sofort zu einem Kuli, zeichnete einen Pfeil mit einer römischen Zahl eins darauf und sagte: „Kevin, dein Thema wurde gerade geboren: ‚Messung des Einflusses von Stress auf die Mitarbeiterproduktivität am Schreibtisch'." Kevin strahlte voller Zufriedenheit und forderte nun Annkathrin auf, ein Thema zu wählen. „Meine Schwester studiert Medizin. Sie hat mir letztens einen interessanten Vortrag über Blut gehalten. Ich könnte mir vorstellen, dass das ein geeignetes Thema wäre: ‚Auswirkungen von Stress auf das Blutbild'", sagte Annkathrin. David hatte einen Einwand: „Ist das nicht ein wenig zu viel? Das gesamte Blutbild würdest du betrachten?" „Hast Recht, ich nehme dann lieber ein anderes Thema", antwortete Annkathrin schnell. Jetzt schaltete sich Nora wieder in die Diskussion ein: „Nicht so schnell, meine Liebe. Warum willst du das ganze Thema ändern? Wenn es zu viel ist, dann grenze es doch weiter ein. Das ist doch der Sinn dieses Perspektivenmodells! Du hast dich auf Stress und Blut festgelegt. Jetzt kannst du eingrenzen: entweder grenzt du Stress ein und wählst z. B. eine bestimmte Stressart aus oder du grenzt das Blut weiter ein. Du kannst natürlich beide Begriffe gleichzeitig eingrenzen, dann hast du ein noch engeres Thema." „Ja, okay! Dann werde ich nicht Stress, sondern den oxidativen Stress betrachten und beim Blutbild konzentriere ich mich ausschließlich auf das Hämoglobin", antwortete Annkathrin. „Mein Thema wäre dann: Die Auswirkungen von oxidativem Stress auf Hämoglobin."

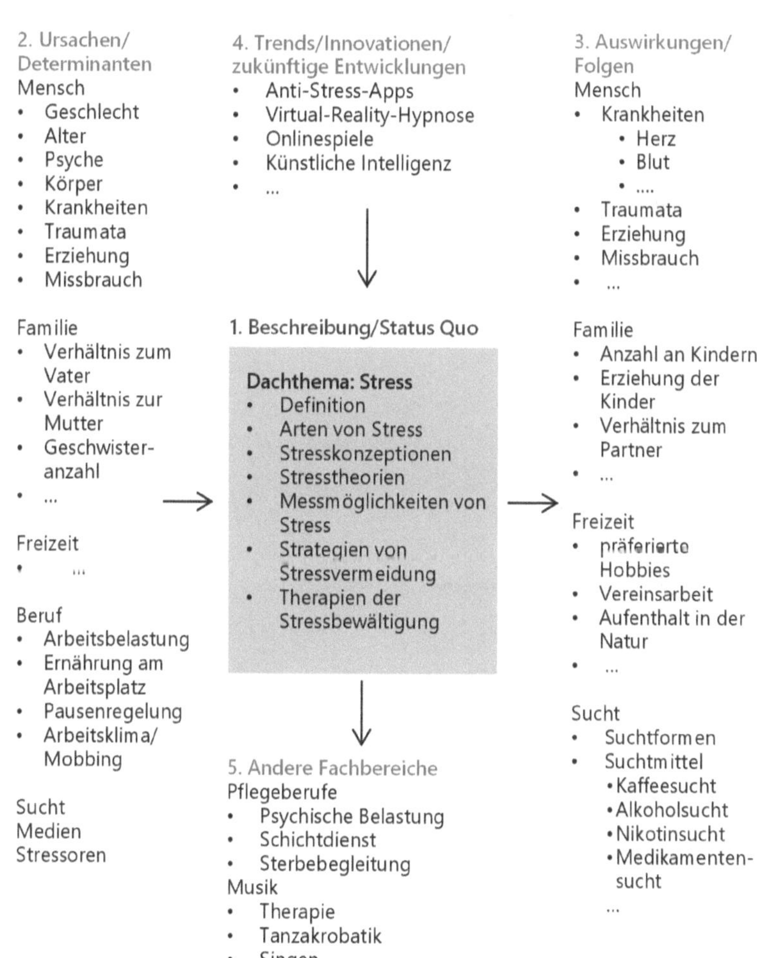

Abb. 9: Das Fünf-Perspektiven-Modell am Beispiel des Dachthemas „Stress"

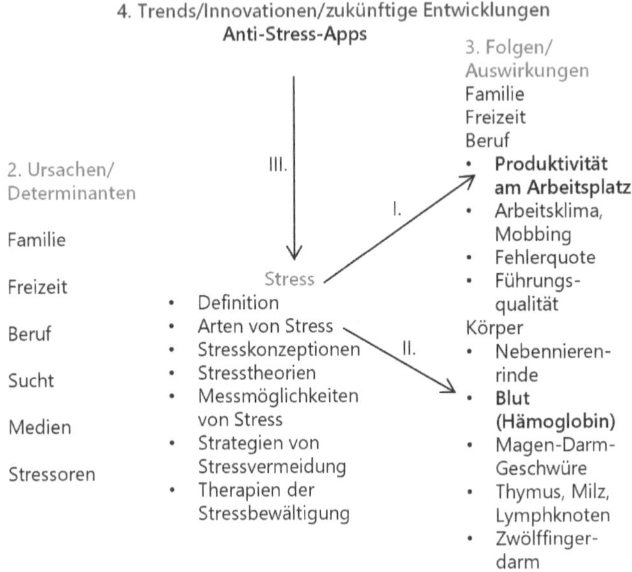

Vorläufiges Thema, z.B. im Fachbereich

Wirtschaft: Messung des Einflusses von Stress auf die Mitarbeiterproduktivität am Schreibtisch

Medizin: Vorläufiges Thema: Die Auswirkungen von oxidativem Stress auf Hämoglobin

Psychologie: Stressbewältigung durch Anti-Stress-Apps

Abb. 10: Eingrenzung und Themenwahl am Beispiel des Dachthemas „Stress"

Nun war David dran. Er nahm seinen Kugelschreiber und zeichnete einen Pfeil von der vierten Perspektive zum Dachthema. „Ich begeistere mich für Apps und schreibe über die Stressbewältigung durch Anti-Stress-Apps. Natürlich ist mir klar, dass ich mich jetzt intensiver mit Stress und Apps beschäftigen müsste, bevor ich mich endgültig festlege, aber das wäre mein vorläufiges Thema."

Nora schaute sehr zufrieden. „Wisst ihr, so eine gemeinsame Übung ist wirklich wertvoll, denn jeder kann etwas beitragen und jeder hat eine andere Sichtweise auf das Dachthema. So können viele unterschiedliche Themen aus einem Dachthema generiert werden und das kann man so lange durchdenken, bis etwas dabei ist, was euch zusagt. Manchmal muss man das Thema mehrmals eingrenzen, bis es konkret genug ist. Schaut, hier habe ich euch hierzu ein kleines Schaubild mitgebracht, denn nun wenden wir uns der Forschungsfrage zu", sagte Nora.

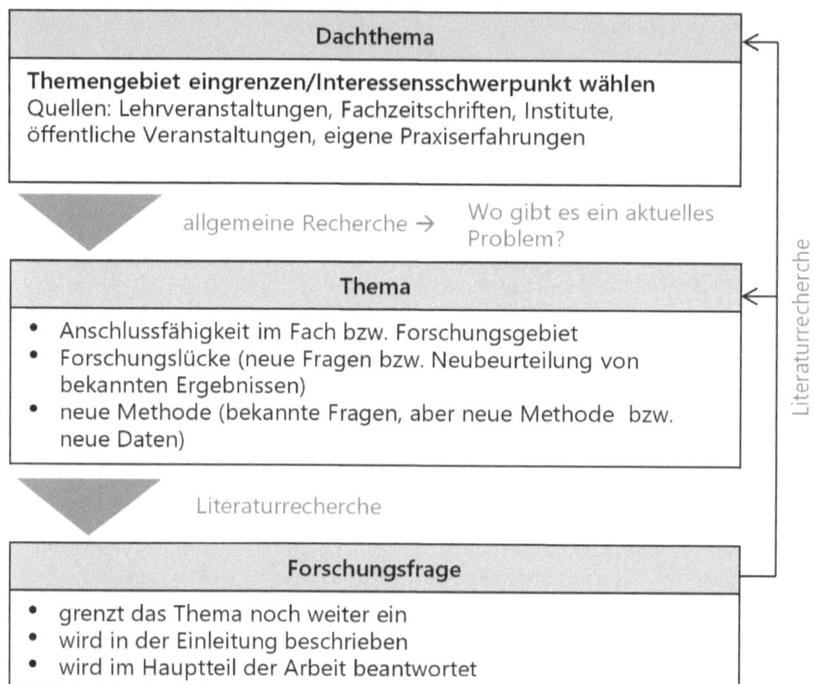

Abb. 11: Vom Dachthema zur Forschungsfrage

Forschungsfrage

„Das klingt doch schon gar nicht schlecht – und ihr seht, dass diese Methode richtig gut hilft, das Dachthema mit all seinen Facetten zu analysieren. Aber das reicht natürlich noch nicht. Jetzt muss man ein Thema aus den vielen Möglichkeiten auswählen. Und dann folgt der nächste Schritt zur Konkretisierung: die Formulierung der **Forschungsfrage**. Das Thema wird zu einer Frage zusammengefasst, die man mit der Arbeit beantworten will. Im Kurs wurde das so dargestellt:“

Tipp!

Die Forschungsfrage baut auf der Konkretisierung von folgenden Fragen auf:

- Was will ich mit meiner Arbeit erreichen?
- Was will ich untersuchen?

„Die Forschungsfrage bringt also die **grundlegende Problemstellung der Arbeit** zum Ausdruck – unter dem Blickwinkel, der sich aus der Themenformulierung ergibt. Am einfachsten ist es, wenn man nur eine zentrale Forschungsfrage stellen kann, maximal sollten es wohl zwei sein, damit man sich nicht verzettelt und der Arbeit noch eine klare Struktur geben kann.

Das Ziel der Arbeit ist dann, diese Frage oder die beiden Fragen umfassend und lückenlos zu beantworten. Bei der Bewertung von Arbeiten wird berücksichtigt, ob sie sich wirklich mit der Forschungsfrage – oder vielleicht eher den Nebenaspekten – beschäftigen und wie umfassend die gefundene Antwort ist. Übrigens: Die Antwort kann auch darin bestehen, dass die Frage nicht schlüssig oder endgültig beantwortet werden kann, wenn man das eindeutig nachweist.

Die Forschungsfrage muss so gewählt sein, dass es möglich ist, sie innerhalb der vorgegebenen Seiten zu beantworten. Je weniger Seiten man schreiben darf, desto stärker muss die Fragestellung eingeschränkt sein. Ihr seht also, man sollte sein Forschungsgebiet sehr gut kennen – das Stichwort ist hier wieder Literaturrecherche – bevor die Forschungsfrage konkret festgelegt wird", sagte Nora. „Schaut mal, hier habe ich euch eine Übersicht mit Beispielen für typische Forschungsfragen mitgebracht:"

Tipp!

Forschungsfragen können folgende Schwerpunkte haben:

Beschreibende Forschungsfragen:

- Wie sieht der Sachverhalt aus?
- Wie häufig wird eine Methode in einem bestimmten Bereich angewendet?
- Welche Unternehmen nutzen aktuell eine bestimmte Anwendung/Methodik?
- Welche Kunden kaufen das Produkt besonders häufig?

Erklärende Forschungsfragen:

- Warum hat sich der jeweilige Sachverhalt so entwickelt?
- Warum hat sich das jeweilige Problem ergeben?
- Warum wird eine Methode in einem bestimmten Bereich angewendet?
- Warum lehnen Mitarbeiter eines Unternehmens eine neue Software ab?

- Warum hat eine bestimmte Werbeform nicht zu dem erwarteten Umsatz geführt?

Bewertende Forschungsfragen:

- Wie ist der jeweilige Sachverhalt zu bewerten?
- Welche Vor- und Nachteile hat der Einsatz einer bestimmten Methodik?
- Welche Chancen und Gefahren ergeben sich durch den Einsatz einer bestimmten Methodik?

Gestaltende Forschungsfragen:

- Was muss getan werden, um ein vorgegebenes Ziel zu erreichen?
- Wie muss ein neuer Ansatz implementiert werden, damit ein gewünschter Erfolg erreicht wird?

Prognostische Forschungsfragen:

- Wie wird sich der jeweilige Sachverhalt zukünftig entwickeln?
- Welche Trends lassen sich ableiten?
- Welche Einsatzfelder für einen bestimmten Sachverhalt werden sich in Zukunft ergeben?

Nora nahm ihren Stift und sagte: „David könnte dann beispielsweise für sein Dachthema ‚Virtuelle Realität' folgende Forschungsfragen stellen." Dann fing sie an zu schreiben, während sie die einzelnen Fragen nannte, und das Blatt füllte sich schnell.

Beispiel!

Beschreibend:

- Wie wird virtuelle Realität in der Militärausbildung eingesetzt?
- Wie kann man virtuelle Realität in Onlineshops einsetzen?
- Welche Kliniken nutzen in Deutschland die virtuelle Realität zur Behandlung von posttraumatischen Belastungsstörungen?

Erklärend:

- Wie kann man mit Hilfe der virtuellen Realität den militärischen Auslandseinsatz von Soldatinnen und Soldaten besser vorbereiten?

- Warum führt der Einsatz von virtueller Realität in Onlineshops zu einer höheren Kundenbindung?
- Warum kann man mit Hilfe der virtuellen Realität Arachnophobie erfolgreich behandeln?

Bewertend:

- In welchem Kosten-Nutzen-Verhältnis steht der Einsatz von virtueller Realität in der Militärausbildung?
- Welche Vor- und Nachteile ergeben sich beim Einsatz von virtueller Realität in Onlineshops für den Kunden?
- Wie ist der Einsatz von Virtueller Realität bei der Behandlung von Arachnophobie unter ethischen Gesichtspunkten zu bewerten?

Gestaltend:

- Welche Bewegtbildelemente müssen eine Mindestdauer von 10 Sekunden haben?
- Wie lange muss eine Behandlung mindestens dauern, damit die Behandlung von Arachnophobie langfristig erfolgreich ist?

Prognostizierend:

- Kann die Automobilbranche durch den Einsatz der virtuellen Realität auf das Anbieten von Probefahrten komplett verzichten?
- Wird der Einsatz von virtueller Realität die Tourismusbranche in Zukunft verändern?

„So“, meinte Nora abschließend, „jetzt hast du schon eine ziemlich große Auswahl an möglichen Fragestellungen und dir fallen bestimmt noch mehr ein. Meinst du, das reicht als Vorbereitung, um dir ein Thema und eine Forschungsfrage auszusuchen?“ David war begeistert – aber auch ein bisschen erschlagen. „Bis vorhin wusste ich noch gar nichts, nun habe ich die Qual der Wahl. Aber ich bin euch echt dankbar – diese Sitzung war total gut. Nur fürchte ich, ich werde bis zur Auswahl noch so manche Stunde Literatur suchen und sichten, um mich dann besser entscheiden zu können ...“

Kevin dagegen teilte Davids Begeisterung noch nicht so ganz. „Ich habe das Prinzip verstanden, aber ich tue mich immer noch schwer mit der Formulierung der Forschungsfrage. Kann man bei der Formulierung Fehler machen?“ „Gute Frage, Kevin!“, antwortete Nora. „Tatsächlich gibt es typische Fehler bei der Formulierung der Forschungsfrage. Im Kurs hat man uns diese typischen Fehler genannt. Schau dir die Abbildung an, die ist einleuchtend", antwortete Nora und überreichte Kevin ein weiteres Blatt.

Tipp!

Typische Fehler bei der Formulierung der Forschungsfrage/n

[1] Forschungsfrage ist zu breit gestellt.

[2] Forschungsfrage kann mit Ja oder Nein beantwortet werden.

[3] Forschungsfrage enthält nicht die wichtigsten Aspekte des Themas.

[4] Forschungsfrage lässt sich nicht beantworten (keine Daten, keine Stichproben etc.).

[5] Forschungsfrage ist zu fortschrittlich, zu progressiv (keine Literatur). Dies kann jedoch bei wissenschaftlichen Arbeiten im fortgeschrittenen Level positiv sein.

[6] Forschungsfrage ist zu lang und besteht aus mehreren Teilaspekten. (In diesem Fall sollten mehrere separate Forschungsfragen generiert werden.)

Tipp!

Formulieren Sie zuerst die Forschungsfrage/n und erst dann das endgültige Thema der Arbeit!

„Ich würde das gern mit euch noch mal konkret an unserem Stressbeispiel üben. Lasst uns konkrete Forschungsfragen generieren. Am besten zu jeder Perspektive ein Beispiel", bat Kevin. „Oh ja, das ist eine gute Idee. Aber die Forschungsfrage kann man ohne die Literaturrecherche nicht formulieren. Schließlich müssen wir wissen, welche Begriffe relevant sind und was noch nicht erforscht wurde", sagte Ankathrin. „So schwierig ist das nicht. Ihr habt alle eure Smartphones dabei. Wir können auf die Webseiten von Bibliotheken zugreifen und uns schon mal die Inhaltsangaben von Lehrbüchern anschauen. Dann wissen wir, welche Begriffe sich in den jeweiligen Fachbereichen etabliert haben", schlug Nora vor. „Lehrbücher? Ich dachte, ich darf die nicht zitieren", sagte Kevin. „Das stimmt! Zitieren wirst du sie auch nicht, aber niemand verbietet dir, dich an den Lehrbüchern zu orientieren", antwortete Nora mit einem Augenzwinkern. „Los, Leute! Typische Formulierungen bei Forschungsfragen sind die bekannten W-Fragen. Was? Warum? Wie? Weshalb? Welche? Wozu? Man kann aber auch die Formulierungen ‚Inwiefern?' und ‚Inwieweit?' nutzen. Schaut, hier habe ich euch das letzte Schaubild zu Forschungsfragen mitgebracht. Hier seht ihr auch den Unterschied zwischen Thema und Forschungsfrage ganz gut."

	Thema	**Forschungsfrage**
Wo?	auf dem Deckblatt der wissenschaftlichen Arbeit	in der Einleitung; nach der Beschreibung des Problems und der Forschungslücke/n

Wie?	substantiviert formuliert, d. h.
	• kurz und präzise
	• Untertitel möglich
	• keine Satzzeichen
	• keine Fragezeichen
	• keine Abkürzungen
	• keine konkreten Beispiele
		formuliert in wissenschaftlicher Sprache, d. h.
		• offen, flexibel und dennoch konkret
		• Satzzeichen zugelassen
		• Fragezeichen erwünscht
		• besonders geeignete Fragewörter:
		  • Wie? Welche?
		  • Inwiefern? (wird verwendet, um auszudrücken, in welcher Hinsicht das Gesagte gilt)
		  • Inwieweit? (wird verwendet, um auszudrücken, bis zu welchem Grad das Geschriebene gilt)

Beispiel	Stressbewältigung durch effektive Pausenregelung	Inwiefern verringert die Pomodoro-Methode den Stress am Arbeitsplatz?

Tab. 10: Thema und Forschungsfrage im Überblick

„Wow, so einen Überblick habe ich gebraucht", sagte Kevin. „Jetzt können wir anfangen." Die vier Freunde haben an dem Abend noch etwas länger zusammengesessen und folgende Beispiele zusammengetragen.

Beispiel!

Dachthema: Stress

1. Perspektive: Beschreibung Status Quo

   Thema: Messmethoden von Stress

   Forschungsfrage: Welche Vor- und Nachteile hat die Stressmessmethode X im Vergleich zur Methode Y?

2. Perspektive: Ursachen/Voraussetzungen/Determinanten

   Thema: Entwicklung von Stressresistenz bei Kindern im Alter von X bis Y nach traumatischen Erlebnissen

   Forschungsfrage: Inwiefern führt eine erlebte Scheidung der Eltern zur Stressresistenz von Kindern im Alter von X bis Y?

3. Perspektive: Auswirkungen/Folgen/Konsequenzen

   Thema: Der Einfluss von erhöhtem Stress auf den Kaffeekonsum

   Forschungsfrage: Inwieweit führt ein erhöhter Stresslevel zu einem steigenden Konsum von Kaffee?

4. Perspektive: Trends, Innovationen, zukünftige Entwicklungen etc.

   Thema: Stressbewältigung durch Anti-Stress-Apps

   Forschungsfrage: Inwieweit lässt sich der Stresslevel durch Meditations-Apps reduzieren?

5. Perspektive: Bezug zu anderen Fachbereichen

   Thema: Biochemische Prozesse bei stressreduzierenden Medikamenten

   Forschungsfrage: Welche biochemischen Prozesse werden durch das stressreduzierende Medikament X beeinflusst?

11 Vorgehensweise beim wissenschaftlichen Arbeiten

Wieder saßen die Vier in der Kneipe, und dieses Mal wusste David etwas Neues: „Leute, ich habe in meinem Kurs einige echt hilfreiche Darstellungen bekommen, wie man eigentlich beim wissenschaftlichen Arbeiten vorgeht. Ich habe euch die Abbildungen mal kopiert. Sie zeigen die einzelnen Schritte in einer normalen zeitlichen Abfolge. Cool ist, dass es unmittelbar an unsere Überlegungen zum Dachthema, Thema und Forschungsfrage anschließt. Schaut euch das an."

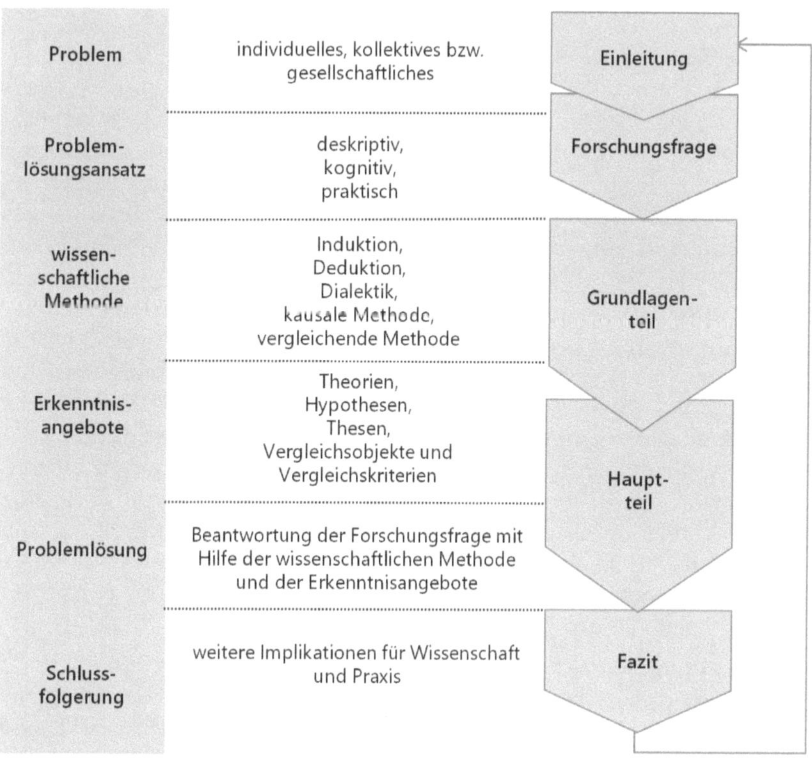

Abb. 12: Prozess des wissenschaftlichen Arbeitens

Problemstellung als Ausgangspunkt für die Einleitung

„Bevor wir richtig loslegen können, müssen wir ein gutes Thema haben. Das haben wir letzte Woche schon besprochen. Jede wissenschaftliche Arbeit sollte ein klar erkennbares Thema behandeln, deshalb eignet sich ein konkretes Problem sehr gut als Ausgangspunkt", erläuterte David. „Schon im Titel sollte erkennbar sein, aus welchem Bereich das Problem stammt. Optimal ist es dann, wenn sich aus der Problembeschreibung eine klar formulierte Forschungsfrage für die Arbeit ergibt. So eine Forschungsfrage legt quasi das Ziel fest – erst wenn man das kennt, kann man planen, wie man vorgeht. Denn die Arbeit soll ja diese Frage wissenschaftlich beantworten. Und ganz nebenbei: Wenn wir aus dem Thema über die Problembeschreibung die Frage entwickelt haben, steht die Einleitung schon fast. So können wir das Interesse des Lesers wecken", erklärte David.

Kevin widersprach: „Sehe ich nicht ein. Warum brauche ich ein Problem? Ich kann doch auch ohne Problem ein Thema beschreiben?" „Stimmt", meinte David, „aber dann habe ich ein Problem: Normalerweise wird von uns beim wissenschaftlichen Arbeiten Eigenleistung verlangt. Die besteht zwar schon z. B. in der korrekten Literaturrecherche und Auswahl, aber wenn ich einfach nur zusammenschreibe, was es zu einem Thema gibt, habe ich wenig Chancen auf weitere eigenständige Beiträge. Es wird eher ein Lexikonartikel oder ein Lehrbuch. Die Arbeiten, die wir verfassen sollen, betrachten in der Regel ein aktuelles Problem aus einem neuen Blickwinkel, beziehen verschiedene Aspekte eines Themenbereichs aufeinander oder sollen neue Aussagen auf der Basis der bestehenden Kenntnisse ermöglichen. Daher: Es ist am einfachsten, wenn wir eine konkrete Forschungsfrage zu einer kon kreten Problemstellung haben. Im Prinzip kann man sagen: Wir müssen wissen, was wir mit unserer Arbeit erreichen wollen!" David legte eine zweite Abbildung auf den Tisch und sagte: „Bei der Aufdeckung von Problemen, die in einer wissenschaftlichen Arbeit behandelt werden, können folgende Aspekte behilflich sein. Schaut her, ich habe eine Abbildung dazu, die uns hilft."

Nora betrachtete das Schaubild und fragte: „Warum muss ich mich mit dem Problem bereits am Anfang der Arbeit so intensiv beschäftigen? Ich habe doch während der gesamten Arbeit genug Platz dafür." David wirbelte seinen Zeigefinger in die Luft und antwortete: „In der wissenschaftlichen Arbeit erarbeitest du eine Problemlösung, meine Liebe! Mit einer Problembeschreibung beginnst du die Einleitung deiner wissenschaftlichen Arbeit und hast damit gleichzeitig eine Idee für den geeigneten Problemlösungsansatz. Im Kurs habe ich gehört, dass es drei

Ursprung des Problems	Zu ermitteln:
eigene persönliche Erfahrungen	• Haben andere Personen bzw. Personengruppen ähnliche Erfahrungen gemacht? • Haben sich weitere offene Fragen ergeben, die behandelt werden sollten? • Welche Hintergrundinformationen sind besonders relevant? • Warum handelt es sich um eine Problemstellung, die im Rahmen einer wissenschaftlichen Arbeit untersucht werden sollte?
ein aktuelles Ereignis in der Gesellschaft	• Gibt es ein bestimmtes Ereignis in der Gesellschaft, Politik bzw. Umwelt, das auf ein Problem hinweisen könnte? • Könnten sich eventuell aus dem aktuellen Ereignis weitere Probleme in der Zukunft ergeben? • Welche Hintergrundinformationen, Zahlen und Fakten sind besonders relevant? • Warum handelt es sich um eine Problemstellung, die im Rahmen einer wissenschaftlichen Arbeit untersucht werden sollte?
ein problematisches Ereignis im Unternehmen	• Haben mehrere Unternehmen ein ähnliches Problem? • Wird sich dieses Problem eventuell in Zukunft bei anderen Unternehmen ebenfalls ergeben? • Wie lässt sich die Ausgangslage möglichst exakt beschreiben? • Gibt es Statistiken, die das Problem bzw. die Ausgangslage belegen? • Warum handelt es sich um eine Problemstellung, die im Rahmen einer wissenschaftlichen Arbeit untersucht werden sollte?

Tab.11: Tipps zur Aufdeckung von Problemen, die zu einem Problemlösungsansatz führen könnten

verschiedene Problemlösungsansätze gibt. Der erste ist der **deskriptive Problemlösungsansatz**. Das heißt, das Problem wird ausführlich in allen Details beschreiben und mit Fakten belegt. Der zweite ist der **kognitive Problemlösungsansatz**. Hier musst du erklären, warum das Problem entstanden ist beziehungsweise wozu das Problem zukünftig führen wird. Der dritte Problemlösungsansatz ist **praktisch,** was bedeutet, dass man hier beschreiben muss, wie man in der Praxis mit dem Problem umgehen sollte." Nora schaute David mit großen Augen an und sagte nur: „Das war mir etwas zu schnell. Du hast das im Kurs geübt, ich höre das heute zum ersten Mal. Bitte erkläre es mir noch mal." „Kein Problem! Schau her, ich habe wieder eine tolle Abbildung erhalten, die ich euch mitgebracht habe", antwortete David und legte das nächste Blatt auf den Tisch.

Merke!

Problemlösungsansätze und deren Ziele

Deskriptiver Problemlösungsansatz (beschreibend):

» Ziel: Beschreibung des Problems
» Aspekte, die mit dem Problem zusammenhängen, gilt es quantitativ zu erfassen, zu dokumentieren, aufzuarbeiten und auszuwerten.
» Die Beziehungen zwischen den einzelnen Aspekten werden lediglich abgebildet und nicht erklärt.

Kognitiver Problemlösungsansatz (erklärend):

» Ziel: Erklärung des Problems
» Reale Phänomene und Ereignisse gilt es auf empirische bewährte, theoretische Gesetze zurückzuführen.
» Zentrale Fragen: Warum ist das Problem entstanden? Wie wird sich das Problem in der Zukunft entwickeln? Wozu wird das Problem führen?

Praktischer Problemlösungsansatz (gestaltend):

» Ziel: Beherrschung des Problems
» Eine Handlungsanleitung soll zu einer verbesserten Entscheidungs- und Handlungsbasis führen.
» Zentrale Frage: Wie geht man am besten mit dem Problem um? Was ist zu tun, damit das Problem gelöst wird?
» Die Verwertbarkeit in der Praxis steht im Vordergrund.

Nora betrachtete die Abbildung etwas länger und sagte: „Okay, ich glaube, ich habe es verstanden. Lasst es uns gleich an einigen Beispielen üben. Wenn wir das Problem der Covid-19-Pandemie betrachten, dann wäre der deskriptive Ansatz zum Beispiel die Beschreibung der Entwicklung der Zahl der erkrankten Personen in Deutschland bzw. in den einzelnen Bundesländern. Beim kognitiven Ansatz müsste ich beispielsweise erklären, warum die Anzahl der Infizierten so rasant ansteigt, und beim praktischen Ansatz würde ich Empfehlungen erarbeiten, was die Menschen tun müssen, damit sie sich nicht anstecken. Richtig?" „Korrekt!", antwortete David mit einem zufriedenen Lächeln. „Ich könnte aber auch alle drei Ansätze in einer Arbeit behandeln, oder?", fragte Nora weiter. „Ja, das könntest du, wenn du genug Platz dafür hast. Schreibst du eine Doktorarbeit, dann wäre das möglich. Bei einer Hausarbeit mit einem vorgegebenen Umfang von 10 bis 15 Seiten würde ich dir davon dringend abraten. Konzentriere dich auf ein Thema und auf einen Problemlösungsansatz", antwortete David.

Kevin unterbrach das Gespräch: „Jetzt bin ich mit meinem Beispiel dran. Ich habe gerade das persönliche Problem, dass ich gar keine Lust habe, eine wissenschaftliche Arbeit zu schreiben", grinste Kevin. „Ich werde mein persönliches Problem nun verallgemeinern und über das Thema Motivation der Studierenden bei der Anfertigung von wissenschaftlichen Arbeiten schreiben. Korrekt?", fragte Kevin nach. „Ja, das ist ganz gut", antwortete Nora. „Beim deskriptiven Problemlösungsansatz stellst du alle möglichen Schreibprobleme zusammen und beschreibst, welche Gruppe von Studierenden diese Probleme hat", führte sie weiter aus. „Ich würde einen kognitiven Ansatz wählen und darüber schreiben, warum eine bestimmte Studierendengruppe X bestimmte Motivationsprobleme Y hat und was diese Studierendengruppe tun müsste, damit die Motivationsprobleme verschwinden, wobei das Letztere dann der praktische Problemlösungsansatz wäre", sagte Annkathrin.

„Und was soll ich machen, wenn ich mehrere Problemlösungsansätze in meiner Arbeit behandeln möchte?", fragte Kevin weiter. „Das führt logischerweise zu einer längeren Einleitung und zu einer umfassenderen Arbeit", antwortete David. „Ich habe euch schon gesagt, dass wir das Problem in der Einleitung beschreiben sollen und in Anlehnung an den gewählten Problemlösungsansatz eine ganz konkrete Forschungsfrage generieren sollen, die auch in der Einleitung dargestellt werden soll. Die Forschungsfrage führt uns weiter zu der wissenschaftlichen Methode", fuhr er fort.

Wissenschaftliche Methode zur Vorbereitung der Problemlösung im Grundlagenteil

„Eine wissenschaftliche Methode ist ein Weg zur Problemlösung. Besonders häufig werden diese fünf unterschiedlichen Methoden von Studierenden gewählt: Induktion, Deduktion, kausale Methode, Dialektik und vergleichende Methode. Wichtig ist, dass man sich gleich zu Beginn Gedanken über die passende Methode zur Problemlösung macht, damit man im Grundlagenteil alle notwendigen Aspekte darstellt, die zu der gewählten Methode passen und so die Basis für den Hauptteil der Arbeit gelegt wird", sagte David. „Das hörst sich nach einem gut strukturierten Plan an", überlegte Annkathrin. „Induktion und Deduktion kenne ich aus meinem ersten Semester. Das sind Methoden, die häufig eingesetzt werden, um etwas zu erklären. Bei der **Induktion** beginnt man mit der Beschreibung von Beobachtungen und bildet auf Basis dieser Beobachtungen eine oder mehrere Hypothesen, die später zu einem Theorieansatz führen können. Bei der **Deduktion** ist es umgekehrt. Da sucht man zu dem vorhandenen Problem eine passende Theorie, die das Problem erklären kann und leitet aus dieser Theorie geeignete Hypothesen. Anschließend überprüft man anhand von einzelnen Beobachtungen, ob die Hypothesen sich in der Realität bewahrheiten", fuhr sie fort und skizzierte, während sie sprach, beide Methoden auf eine weiße Serviette.

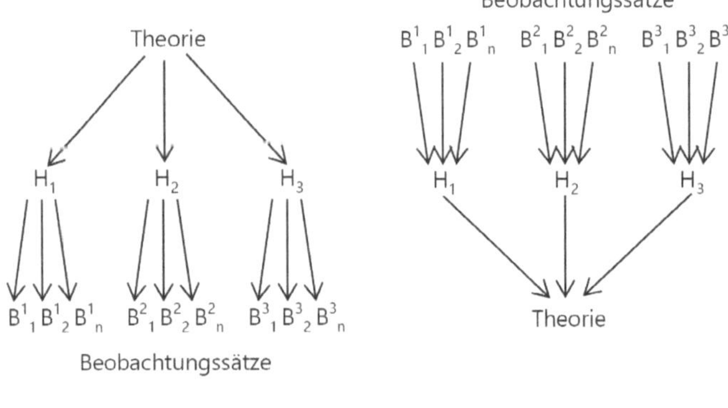

Abb. 13: Methoden der Deduktion und Induktion

„Ihr seht, der Unterschied liegt lediglich in der Art und Weise, wie ihr die **Hypothesen** aufstellt", fuhr Annkathrin fort. Kevin runzelte die Stirn und fragte: „Die Hypothesen hast du in deiner Skizze mit H abgekürzt, und Hypothesen sind nichts Weiteres als Behauptungen und Vermutungen, die ich entweder aus vielen Beobachtungen oder aus der Theorie ableite. Richtig?" „Korrekt!", antwortete Annkathrin. „Eine Hypothese ist eine Annahme, die für die Zwecke der weiteren Forschung überprüft werden muss. Eine Hypothese wird entweder aus Theorien abgeleitet, man spricht dann von der Deduktion, oder sie wird auf der Basis von zahlreichen Beobachtungen oder Experimenten gebildet. Das ist dann die Induktion. Eine Hypothese darf selbst nicht widersprüchlich sein und darf auch nicht im Widerspruch zu anerkannten Tatsachen stehen. Die empirische Überprüfung von Hypothesen erfolgt mithilfe der Verifikation und der Falsifikation. Das ist bei empirischen Arbeiten sehr wichtig."

David schaltete sich erneut in die Diskussion ein – eigentlich war es ja sein Thema: „Nicht jeder möchte empirisch arbeiten, deshalb gibt es noch drei weitere Methoden. Die **Dialektik** beispielsweise ist besonders gut geeignet, wenn ihr euch mit einer Meinung und einer gegensätzlichen Meinung auseinandersetzt. Die Gegenüberstellung zweier Aussagen zu einem Sachverhalt schafft eine **These** und eine **Antithese,** eine Negation der Position, die in der These behauptet wird. Während der wissenschaftlichen Argumentation wird der Erkenntnisprozess auf eine neue Ebene geführt und eine **Synthese** gebildet. Das kennt ihr bestimmt noch aus der Schule." Kevin schaute etwas verwirrt. „Ja, das habe ich schon mal gehört. Aber wir haben gerade noch von Hypothesen gesprochen. Du sprichst jetzt von Thesen. Es gibt aber auch Tatsachen. Ich komme mit den Begriffen langsam durcheinander. Kann mir das jemand noch mal erklären", bat Kevin. Annkathrin und David schauten Kevin an. „Das ist eine sehr wichtige Frage, Kevin! Wir müssen zwischen Tatsachen, Thesen und Hypothesen unterscheiden. **Tatsachen** sind Sachverhalte, die wirklich gegeben oder geschehen sind. Das kann etwas äußerlich Wahrnehmbares oder ein psychischer Zustand sein. Im letzten Fall spricht man von inneren Tatsachen", antwortete Annkathrin. „Kannst du mir dazu ein paar Beispiele geben?", fragte Kevin weiter. „Klar! Schau bitte aus dem Fenster. Du stellst fest, dass es regnet. Das ist eine Tatsache. Da du diese äußerlich wahrnehmen kannst, spricht man von einer äußeren Tatsache", antwortete Annkathrin. „Aha. Na, dann kann ich auch sagen, dass du bei diesem Thema äußerst motiviert bist. Deine Motivation, die ich gerade feststelle, ist dann eine innere Tatsache", antwortete David lachend. „Korrekt!", Annkathrin nickte lächelnd.

„Worin besteht aber der Unterschied zwischen einer These und einer Hypothese?", unterbrach Nora. Annkathrin antwortete blitzschnell:

„Beide sind Behauptungen bzw. Annahmen. Die **These** ist eine Annahme, ein behauptend aufgestellter Leitsatz, der ohne Überprüfung als Ausgangspunkt für die weitere Argumentation dient. In der Dialektik wird deshalb der These eine ihr widersprechende **Antithese** gegenübergestellt. Dieser Widerspruch wird dann mit der **Synthese** aufgehoben. Eine **Hypothese** ist auch eine Annahme, die aber für die Zwecke der weiteren Forschung überprüft werden muss. Eine Hypothese wird entweder aus Theorien abgeleitet, ihr erinnert euch, das ist die Deduktion, oder sie wird auf der Basis von zahlreichen Beobachtungen oder Experimenten gebildet. Das ist dann die Induktion. Eine Hypothese darf selbst nicht widersprüchlich sein und darf auch nicht im Widerspruch zu anerkannten Tatsachen stehen."

David ordnete beim Zuhören die Unterlagen, die sich auf dem Tisch stapelten. Er legte die Abbildung wieder an die oberste Stelle und sagte: „Wie ihr seht, sind wir schon ziemlich weit fortgeschritten mit dem Prozess des wissenschaftlichen Arbeitens. Zwei wissenschaftliche Methoden haben wir noch nicht angesprochen, die sind aber recht einfach. Die **kausale Methode** wird gewählt, wenn in einer Arbeit die Beziehung zwischen Ursachen und Wirkungen beschrieben wird. Wenn ihr also einem Problem auf den Grund gehen wollt, dann könnt ihr Ursachen des Problems darstellen und dann gut strukturiert die Wirkungsbeziehungen beschreiben. Oder ihr geht umgekehrt vor und beschreibt zuerst die Auswirkungen und ordnet diesen die entsprechenden Ursachen zu. Bei der **vergleichenden Methode** werden zwei oder mehrere Objekte mit Hilfe von gemeinsamen Aspekten miteinander in Beziehung gesetzt. Dies bedeutet, dass Vergleichskriterien gefunden und formuliert werden müssen, anhand derer man die gewählten Objekte dann vergleichend analysiert. Diese Methode ist vor allem dann interessant, wenn es sich entweder um sehr unterschiedliche oder auf den ersten Blick sehr ähnliche Objekte handelt. Damit niemand durcheinanderkommt, habe ich euch auch hierzu eine Zusammenfassung mitgebracht", sagte David und zog ein letztes Blatt aus seiner Tasche.

Zusammenfassung!

Induktive Methode

» Argumentation geht vom Speziellen (Detail) zum Allgemeinen (übergeordneten).

» z. B. Ableitung allgemeingültiger Folgerungen aus einzelnen Beobachtungen bzw. Versuchen

» Verallgemeinerung wiederholt beobachtete Erfahrungstatsachen zu einer umfassenden Theorie.

Deduktive Methode

» Argumentation geht vom Allgemeinen (übergeordneten) zum Speziellen (Detail).

» z. B. Ableitung von Hypothesen aus einer Theorie und Verifizierung oder Falsifizierung

» logische und empirische Überprüfung der Theorien und den daraus deduzierten Prüfhypothesen

Kausale Methode

» Untersuchung von Ursachen und ihren Wirkungsbeziehungen, ggf. wird dies in einem Modell systematisiert.

» Es wird entweder von den Ursachen oder den Wirkungen ausgegangen.

Dialektische Methode

» Argumentation geht in drei Hauptschritten vor:
These – Antithese – Synthese.

Vergleichende Methode

» mindestens zwei Untersuchungsgegenstände (Vergleichsobjekte) werden mit Hilfe verschiedener Kriterien (Vergleichskriterien) miteinander in Beziehung gesetzt.

» Der Vergleich dient als Grundlage für Folgerungen.

Die vier Freunde schauten sich sichtlich zufrieden an. „Wow, da haben wir heute aber ganz schön viel geleistet“, sagte Nora. „Oh ja, das stimmt! Und ich habe endlich eine Idee, wie ich den so genannten ‚roten Faden‘ in meine wissenschaftliche Arbeit bringe“, antwortete Kevin. „Nach der Problembeschreibung folgt die Beschreibung der Forschungsfrage in der Einleitung. Im **Grundlagenteil** wird durch die Aspekte, die ich dort beschreibe, erkennbar, welche wissenschaftliche Methode ich gewählt habe. Hier werden alle grundlegenden Begriffe definiert und alle zentralen Forschungsergebnisse referiert, die für die eigene Fragestellung von Bedeutung sind. Bei der Darstellung ist darauf zu achten, dass die Befunde für mein Thema relevant sind. Die Ausarbeitung von Theorien, Modellen und anderen Aspekten, die in Bezug zur gewählten Thematik von Bedeutung sind, werden ebenfalls im

Grundlagenteil dargestellt. Im **Hauptteil** der Arbeit werden die Konzepte, Gedanken und Positionen im Kontext der Forschungsfrage diskutiert und so miteinander verknüpft, dass eine sinnvolle und logische Beantwortung der Forschungsfrage möglich wird. Alles wird kritisch reflektiert und bewertet. Das ist dann die Eigenleistung. Im **Fazit** werden die Ergebnisse der Ausarbeitung des Hauptteils prägnant zusammengefasst. Hier kann ich auch die gewonnenen Erkenntnisse in die Praxis und Forschung einbinden und weitergehende bzw. sich neu ergebende Forschungsfragen stellen, die dann in einer anderen Arbeit von einer anderen Person beantwortet werden sollten." Nora schaute Kevin mit offenem Mund an und staunte: „Hey, mega cool. Du hast es voll drauf, Kevin! Das hätte hier heute niemand besser zusammenfassen können." „Ja, so ist es", stimmte David ihr zu. „Dies sollten wir im Hinterkopf behalten, denn das alles wird besonders wichtig, wenn wir über die Gliederung von wissenschaftlichen Arbeiten sprechen. Das kommt aber später auf uns zu. Heute haben wir genug gearbeitet, findet ihr nicht auch?", fragte David und hob sein Glas.

12 Gliederungsprinzipien

„Macht euch bitte keine Sorgen um die Gliederung. Die Technik des Gliederns ist ziemlich einfach, wenn man sie einmal verstanden hat. Ich habe in meinem Kurs die Gliederungsprinzipien so lange durchgekaut, dass ich jetzt jedes Thema dieser Welt in ein paar Minuten grob gliedern kann", sagte Kevin mit einem Lächeln. Annkathrin schaute etwas besorgt und fragte: „Meinst du, dass du diese Gliederungsprinzipien auch einer äußerst chaotischen und unstrukturierten Frau, wie ich es bin, beibringen kannst?" „Aber klar", war Kevins Antwort. „Du musst nur die richtigen Schritte in der richtigen Reihenfolge machen. Dann klappt es. Also passt auf:"

Festlegung der Argumentationsweise

„Die Gliederung soll den logischen Aufbau der Arbeit übersichtlich und aussagefähig wiedergeben. Das Wichtigste bei der Gliederung ist, dass wir das Argumentations- und Erkenntnisziel immer im Auge behalten, d.h. in der Gliederung muss der ***rote Faden*** *erkennbar sein. Die Argumentationsweise muss sich jedem, der die Gliederung sieht, erschließen", sagte Kevin.*

„Jedem?", fragte Nora. „Ja, jeder Person. Wir schreiben für die interessierte Öffentlichkeit. Also müssen wir davon ausgehen, dass diese Arbeit von jedem gelesen werden kann. Das kann eine Person sein, die nur Grundwissen hat, aber auch eine Person, die voll im Thema steckt und sich super auskennt. Wir müssen also dafür sorgen, dass die Arbeit von jedem verstanden wird", betonte Kevin. „Na toll, ich freue mich schon auf den Abend mit dir", erwiderte die sehr skeptisch guckende Annkathrin. „Keine Sorge, den roten Faden stellen wir sicher, wenn wir unsere Argumentationsweise vorher planen und dann konsequent verfolgen. Ich habe letzte Woche zwei Argumentationsweisen, den Trichter und die Kette, kennengelernt, die einfach sind und mit denen sich die meisten Themen in den Wirtschaftswissenschaften gut gliedern lassen. Wichtig ist aber, dass man sich vorher auf eine Argumentationsweise festlegt und diese dann konsequent verfolgt", betonte Kevin mit einem erhobenen Zeigefinger.

Argumentationsweise: Trichter

„Damit unsere Arbeit jeder verstehen kann, müssen wir in jeder wissenschaftlichen Arbeit einen sogenannten Grundlagenteil und einen Hauptteil haben. Im Grundlagenteil muss man die einzelnen Aspekte erläutern, die in der Arbeit behandelt werden. Hierzu gehören die Definitionen und alle weiteren Grundlagen, die man später im Hauptteil der Arbeit für die Argumentation braucht", sagte Kevin und skizzierte den **Trichter** auf einem Blatt Papier.

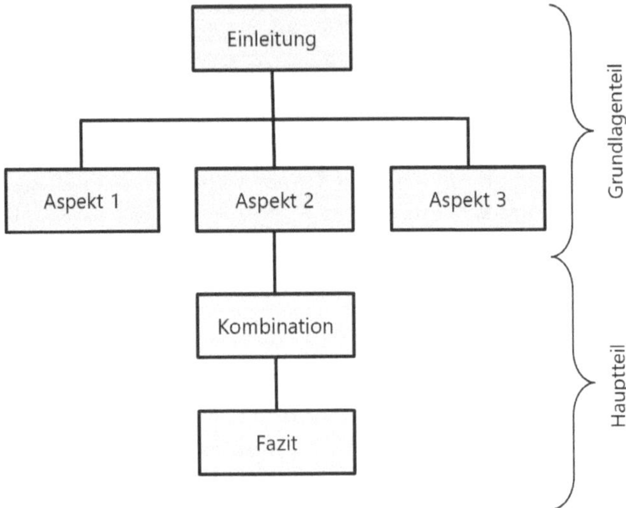

Abb. 14: Argumentation mit Hilfe des Trichters

„Hieraus lässt sich super schnell die Gliederung erstellen, weil sich die Überschriften der ersten Gliederungsebene sehr gut aus dem Titel der Arbeit ableiten lassen. Wenn also ein Thema zwei Aspekte hat, dann wird die Gliederung nach dem Trichtermodell so aussehen", sprach Kevin weiter und schrieb eine Grundgliederung auf.

Tipp!

Struktur

1 Einleitung

2 Grundlagen

2.1 Aspekt 1 – Grundlagen

2.1.1 Aspekt 1, Unteraspekt 1 (z.B. Definition)

2.1.2 Aspekt 1, Unteraspekt 2 (...)

...

2.2 Aspekt 2 – Grundlagen

2.2.1 Aspekt 2, Unteraspekt 1 (z.B. Definition)

2.2.2 Aspekt 2, Unteraspekt 2 (...)

...

3 Hauptteil = Kombination der beiden Aspekte

...

...

4 Fazit

„Ihr seht, hier kann man nicht viel falsch machen. Man muss nur aufpassen, dass man die einzelnen Aspekte nicht bereits im Grundlagenteil miteinander kombiniert. Wichtig ist auch, dass man nichts im Grundlagenteil beschreibt, was man im Hauptteil nicht braucht und umgekehrt“, betonte Kevin.

Argumentationsweise: Kette

„Alternativ kann man sich für eine andere Argumentationsweise entscheiden, die Kette. Auch hier gibt es Grundlagen und einen Hauptteil, beide Teile der Gliederung sind jedoch nicht so stringent voneinander getrennt. Schaut her“, waren Kevins Worte, bevor er wieder eine neue Skizze erstellte.

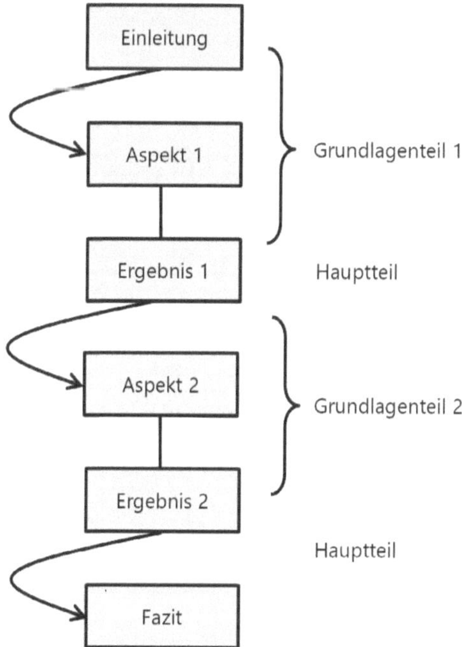

Abb. 15: Argumentation mit Hilfe der Kette

„Wie man sieht, muss hier die Reihenfolge der einzelnen Aspekte beachtet werden. Man beginnt mit einem Teilaspekt des Themas und erarbeitet ein Zwischenergebnis, das dann für die Anführung des zweiten Teilaspektes dient. Die zugehörige Gliederung würde dann formal so aussehen“, erläuterte Kevin.

Tipp!

Struktur

1 Einleitung

2 Grundlagen Aspekt 1

2.1 Aspekt 1, Unteraspekt 1 (z.B. Definition)

2.2 Aspekt 1, Unteraspekt 2 (...)

3 Zwischenergebnis = Hauptteil

4 Grundlagen Aspekt 2

4.1 Aspekt 2, Unteraspekt 1 (z.B. Definition)

4.2 Aspekt 2, Unteraspekt 2 (...)

5 Zwischenergebnis = Hauptteil

....

...

X Fazit

„Mit beiden Argumentationsweisen erfüllt man sehr gut die **zentralen Anforderungen an eine Gliederung**:“

Tipp!

- Jeder Gliederungspunkt sollte einen deutlichen, erkennbaren Bezug zum Gesamtthema aufweisen.
- Sämtliche Teilbereiche des Gesamtthemas der Arbeit sollten in der Gliederung repräsentiert sein und in der Arbeit hinreichend detailliert behandelt werden.
- Zusammengehörende Problemkreise sollten gemeinsam behandelt werden.
- Überschriften einzelner Gliederungspunkte sollten sich weder mit dem Gesamtthema der Arbeit noch mit Überschriften von nachgelagerten Gliederungspunkten decken.

▶ Gliederungspunkte, die in der Gliederung auf der gleichen Ebene stehen, sollten auch in inhaltlicher Hinsicht auf der gleichen Analyseebene angelagert sein, man spricht hier häufig vom logisch gleichen Rang.

„Woher weiß ich denn, wie viele Aspekte ich in meiner Gliederung darstellen muss?“, fragte Annkathrin. „Du orientierst dich am besten immer am Thema deiner Arbeit. Die Anzahl an Aspekten lässt sich oft leicht aus dem Titel der Arbeit ableiten“, antwortete Kevin und verdeutlichte seine Ausführungen an einem Beispiel.

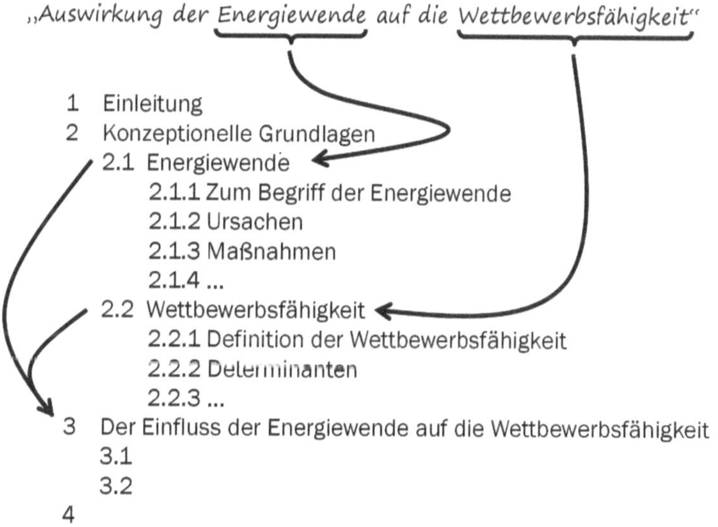

Abb. 16: Beispielgliederung

Wesentliche Methoden der Untergliederung

„Wenn ihr euch auf eine Argumentationsweise festgelegt habt, dann macht euch als Nächstes Gedanken über die Untergliederung der Grundlagen und des Hauptteils, in dem dann die Forschungsfrage beantwortet werden muss. Es gibt verschiedene Argumentationsmethoden – da zeige ich euch gleich eine Übersicht. Im Hauptteil sollte möglichst durchgängig nur eine dieser Methoden angewendet werden, oft ist aber vom Grundlagenteil zum Hauptteil ein Methodenwechsel erforderlich. Im Kurs haben wir verschiedene, häufig verwendete Methoden besprochen – seht her“, meinte Kevin und zeigte den anderen ein Merkblatt.

Annkathrin schaute sich das Merkblatt an und sagte: „Kevin, das ist toll, aber es wäre für mich einfacher, wenn ich diese Methoden in der Gliederungsansicht hätte. Wie sieht denn eine Gliederung nach dem Trichtermodell konkret aus für die jeweiligen Methoden?“ Kevin antwortete lächelnd: „Schaut her, ich habe hier für jede Methode ein Beispiel der Gliederung nach dem Trichtermodell mitgebracht.“

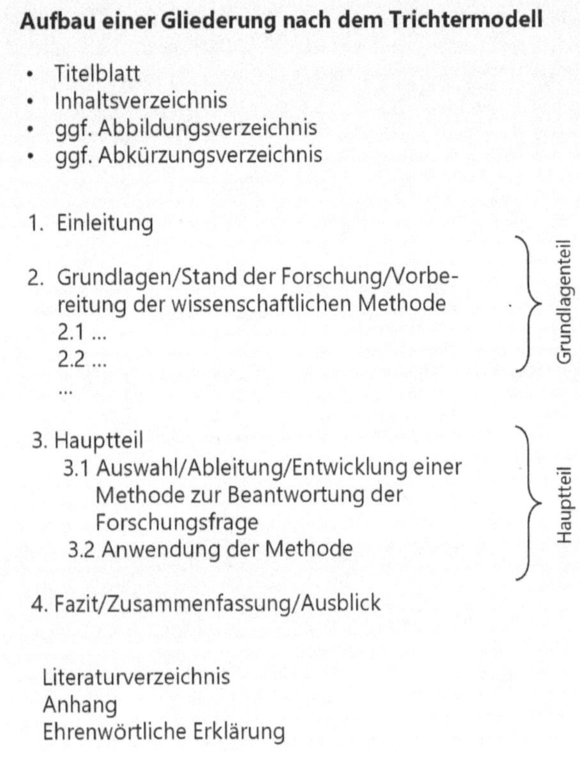

Abb. 17: Grundlegender Aufbau einer Gliederung nach dem Trichtermodell

Induktive Methode in der Gliederung

Induktion = Schließen des Allgemeinen aus einer Vielzahl von Einzelbeobachtungen

1. Einleitung (Problemstellung und Forschungsfrage/n)

2. Grundlagen/Konzeptionelle Grundlagen/ Stand der Forschung
   + Beschreibung der Beobachtungen!
   - 2.1 Aspekt A
     - 2.1.1 Definition Aspekt A ...
     - 2.1.2 ...
     - 2.1.3 Beobachtungen zum Aspekt A
   - 2.2 Aspekt B
     - 2.2.1 Definition Aspekt B ...
     - 2.2.x Beobachtungen zum Aspekt B

   } Grundlagenteil

3. Hauptteil (Beantwortung der Forschungsfrage/n)
   - 3.1 Bezugsrahmen und Generierung von Hypothesen auf Basis der Theorien
   - 3.2 Überprüfung der Hypothesen mit Hilfe von Beobachtungen
   - 3.3 Beantwortung Forschungsfrage/n

   } Hauptteil

4. Fazit/Zusammenfassung/Ausblick

Abb. 18: Induktive Methode in der Gliederung

Deduktion = Schließen auf den Einzelfall aus dem Allgemeinen

1. Einleitung (Problemstellung und Forschungsfrage/n)

2. Grundlagen/konzeptionell-theoretische Grundlagen/Stand der Forschung, der Theorien bzw. theoretischen Grundlagen
   - 2.1 Aspekt A
     - 2.1.1 Definition Aspekt A ...
     - 2.1.2 ...
   - 2.2 Aspekt B
     - 2.2.1 Definition Aspekt B ...
     - 2.2.x Theorie/n bzw. theoretische Grundlagen zu Aspekt B

   } Grundlagenteil

3. Hauptteil (Beantwortung der Forschungsfrage/n)
   - 3.1 Bezugsrahmen und Generierung von Hypothesen auf Basis der Theorien
   - 3.2 Überprüfung der Hypothesen mit Hilfe von Beobachtungen
   - 3.3 Beantwortung Forschungsfrage/n

   } Hauptteil

4. Fazit/Zusammenfassung/Ausblick

Abb. 19: Deduktive Methode in der Gliederung – Option I

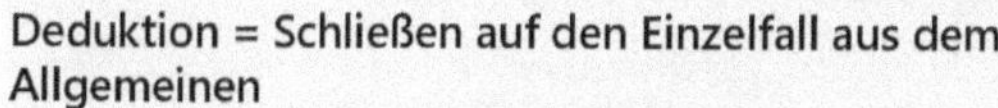

Deduktion = Schließen auf den Einzelfall aus dem Allgemeinen

1. Einleitung (Problemstellung und Forschungsfrage/n)

2. Grundlagen / Konzeptionelle Grundlagen / Stand der Forschung
   2.1 Aspekt A
      2.1.1 Definition Aspekt A ....
      2.1.2 ...
   2.2 Aspekt B
      2.2.1 Definition Aspekt B...
      2.2.x ...

3. Theorien/Theoretische Grundlagen/Theoretische Bezugspunkte
   3.1 Theorie x
   3.2 Theorie y
   3.3 ...

(Punkte 2–3: Grundlagenteil)

4. Hauptteil (Beantwortung der Forschungsfrage/n
   4.1 Bezugsrahmen und Generierung von Hypothesen auf Basis der Theorien
   4.2 Verifizierung/Falsifizierung von Hypothesen
   4.3 Beantwortung Forschungsfrage/n, Bemerkungen zur Methodik etc.

(Punkt 4: Hauptteil)

5. Fazit/Zusammenfassung/Ausblick

Abb. 20: Deduktive Methode in der Gliederung – Option II

Dialektik = Argumentation in drei Schritten:
These – Antithese – Synthese

1. Einleitung (Problemstellung und Forschungsfrage/n)

2. Grundlagen/Konzeptionelle Grundlagen/Stand der Forschung
   - 2.1 Aspekt A
     - 2.1.1 Definition Aspekt A ....
     - 2.1.2 ...
     - 2.1.3 Beschreibung der These bzw. Antithese
   - 2.2 Aspekt B
     - 2.2.1 Definition Aspekt B...
     - 2.2.x Beschreibung der Antithese bzw. These

   } Grundlagenteil

3. Hauptteil (Synthese + Beantwortung der Forschungsfrage/n)
   - 3.1 Dialektischer Sprung/Aufhebung
   - 3.3 Bildung der Synthese

   } Hauptteil

4. Fazit/Zusammenfassung/Ausblick

Abb. 21: Dialektische Methode in der Gliederung

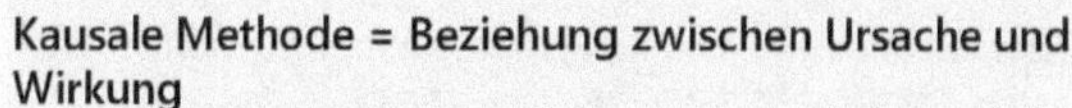

Kausale Methode = Beziehung zwischen Ursache und Wirkung

1. Einleitung (Problemstellung und Forschungsfrage/n)

2. Grundlagen/Konzeptionelle Grundlagen/Stand der Forschung
   - 2.1 Aspekt A
     - 2.1.1 Definition Aspekt A ...
     - 2.1.2 ...
     - 2.1.3 Beschreibung Ursachen **oder** Beschreibung der Wirkungen
   - 2.2 Aspekt B
     - 2.2.1 Definition Aspekt B...
     - 2.2.x Beschreibung Ursachen **oder** Beschreibung der Wirkungen

   } Grundlagenteil

3. Hauptteil (Beantwortung der Forschungsfrage/n)
   - 3.1 Zuordnung der Wirkungen zu den Ursachen **oder** Zuordnung der Ursachen zu den Wirkungen
     - 3.1.1 ...
     - 3.1.2 ...
   - 3.2 Beantwortung der Forschungsfrage

   } Hauptteil

4. Fazit/Zusammenfassung/Ausblick

Abb. 22: Kausale Methode in der Gliederung

Vergleichende Methode = mehrere Vergleichsobjekte werden mit Hilfe eines oder mehrerer Vergleichskriterien gegenübergestellt

1. Einleitung (Problemstellung und Forschungsfrage/n)

2. Grundlagen/Konzeptionelle Grundlagen/Stand der Forschung
   2.1 Aspekt A
      2.1.1 Definition Aspekt A ....
      2.1.2 ...
      2.1.3 Beschreibung der Vergleichskriterien bzw. der Vergleichsobjekte
   2.2 Aspekt B
      2.2.1 Definition Aspekt B...
      2.2.x Beschreibung der Vergleichskriterien bzw. der Vergleichsobjekte

Grundlagenteil

3. Hauptteil (Vergleichsdurchführung & Beantwortung der Forschungsfrage/n)
   3.1 Vergleichsobjekt 1
      3.1.1 Vergleichskriterium 1
      3.1.2 Vergleichskriterium 2 etc.
   3.2 ....

Hauptteil

4. Fazit/Zusammenfassung/Ausblick

Abb. 23: Vergleichende Methode in der Gliederung

„Bei der vergleichenden Methode muss man sofort festlegen, ob das Vorgehen in der ersten Stufe nach Vergleichsobjekten oder Vergleichskriterien gegliedert wird. Anschließend werden nach jedem Vergleich Gemeinsamkeiten und Unterschiede zusammengefasst", sagte Kevin. „Das verstehe ich nicht", unterbrach ihn Annkathrin. „Kannst du dazu ein Beispiel zeigen?", bat sie ihn. „Klar, schau hier. Das sind zwei alternative Gliederungsmöglichkeiten für den Vergleich zweier Länder, Land A und Land B."

Vergleich nach Objekten	Vergleich nach Kriterien
...	...
3.1 Land A	3.1 Kriterium 1
3.1.1 Kriterium 1 im Land A	3.1.1 Kriterium 1 im Land A
3.1.2 Kriterium 2 im Land A	3.1.2 Kriterium 1 im Land B
3.1.3	3.2 Kriterium 2
3.2 Land B	3.2.1 Kriterium 2 im Land A
3.2.1 Kriterium 1 im Land B	3.2.2 Kriterium 2 im Land B
3.2.2 Kriterium 2 im Land B	3.3 ...
3.2.3	3.4 Zusammenfassung der Gemeinsamkeiten und Unterschiede
3.3 Zusammenfassung der Gemeinsamkeiten und Unterschiede	4 ....
4	

Tab. 12: Gliederungen bei Vergleich nach Objekten und Vergleich nach Kriterien

„Ihr seht, bei der linken Gliederung habe ich den **Vergleich nach Objekten** durchgeführt. Hier stehen also die Vergleichsobjekte auf der ersten Gliederungsebene, erst dann kommen die Kriterien. Im rechten Beispiel habe ich den **Vergleich nach Kriterien** durchgeführt. Auf der ersten Gliederungsebene werden zunächst die Vergleichskriterien beschrieben, danach kommt die Beschreibung der Ausprägung dieser Kriterien in den jeweiligen Ländern", sagte Kevin. „Hmmmm ... wann ist denn welche Gliederung geeigneter?", fragte Annkathrin. „Das ist leicht. Der Vergleich nach Objekten bietet sich an, wenn zwischen den Objekten große Unterschiede bestehen oder vermutet werden. Der Vergleich nach Kriterien ist dann geeignet, wenn es kaum Unterschiede zwischen den Objekten gibt. Je unterschiedlicher die Länder in meinem Beispiel sind, desto eher würde ich zum Vergleich nach Objekten tendieren“, antwortete Kevin. „Ein konkretes Beispiel für die beiden unterschiedlichen Versionen habe ich hier“, sagte Kevin und zeigte die folgende Abbildung seinen Freunden.

Bei der vergleichenden Methode bitte beachten, ob Sie den Vergleich nach Objekten oder nach Kriterien durchführen!

Beispiel: **Vergleich nach Objekten**	**Beispiel:** **Vergleich nach Kriterien**
1. Einleitung 2. Konzeptionelle Grundlagen 2.1 Länder 2.1.1 Deutschland 2.1.2 USA 2.2 Kriterien zur Beurteilung der wirtschaftlichen Lage eines Landes 2.2.1 Bruttoinlandsprodukt 2.2.2 Private Konsumausgaben 2.2.3 Konsumausgaben des Staates 2.2.4 ... 3. Vergleich der wirtschaftlichen Lage in Deutschland und in USA 3.1 Wirtschaftsleistung in Deutschland 3.1.1 Bruttoinlandsprodukt in Deutschland 3.1.2 Private Konsumausgaben in Deutschland 3.1.3 Konsumausgaben des deutschen Staates 3.2 Wirtschaftsleistung in USA 3.2.1 Bruttoinlandsprodukt in USA 3.2.2 Private Konsumausgaben in USA 3.2.3 Konsumausgaben des amerikanischen Staates 3.3 Zusammenfassung der Ergebnisse 4. Fazit	1. Einleitung 2. Konzeptionelle Grundlagen 2.1 Länder 2.1.1 Deutschland 2.1.2 USA 2.2 Kriterien zur Beurteilung der wirtschaftlichen Lage eines Landes 2.2.1 Bruttoinlandsprodukt 2.2.2 Private Konsumausgaben 2.2.3 Konsumausgaben des Staates 2.2.4 ... 3. Vergleich der wirtschaftlichen Lage in Deutschland und in USA 3.1 Bruttoinlandsprodukt 3.1.1 Bruttoinlandsprodukt in Deutschland 3.1.2 Bruttoinlandsprodukt in USA 3.2 Private Konsumausgaben 3.2.1 Private Konsumausgaben in Deutschland 3.2.2 Private Konsumausgaben in USA 3.3 Konsumausgaben des Staates 3.3.1 ... 3.3.2 ... 3.4 Zusammenfassung der Ergebnisse 4. Fazit

Tab. 13: Beispiel für vergleichende Methode in der Gliederung

Regeln für die Untergliederung

„Bei der Untergliederung muss man jetzt nur noch ein paar Regeln beachten, dann entsteht eine gute Gliederung fast automatisch. Lasst mich das kurz erklären", fuhr Kevin fort.

[1] Die Untergliederung muss das Thema nach **zweckmäßigen Kriterien** in Teilfragen zerlegen.

„Die erste Regel bezieht sich auf die **Zweckmäßigkeit der Untergliederung**. Dabei orientiert man sich an der Themenstellung, der Forschungsfrage und am Inhalt. Eine Untergliederung nach einem Aspekt, der für die Themenstellung keine Rolle spielt, darf nicht vorkommen."

[2] Die Gliederungsunterpunkte müssen den jeweiligen Oberpunkt nach einem **gemeinsamen** Kriterium aufschlüsseln.

„Hierbei spricht man von einer **kriterienreinen Untergliederung**, da man bei der Untergliederung nur ein einziges Kriterium zugrundelegt", erklärte Kevin.

Falsch	Richtig
...	...
2.2 Nutznießer	2.2 Nutznießer
2.2.1 Tiere	2.2.1 Tiere
2.2.2 Menschen	2.2.2 Menschen
2.2.3 Männer	2.2.2.1 Männer
2.2.4 Frauen	2.2.2.2 Frauen

„Hey, warum ist das auf der linken Seite falsch?", fragte David. „Weil du zwar ein Mann, aber auch ein Mensch bist. Damit ist diese Gliederung nicht **kriterienrein** – plötzlich wird das Kriterium ‚Geschlecht' als zweites hinzugefügt", grinste Kevin. „Eigentlich besagt die erste Gliederung, dass Männer keine Menschen sind ...! Aber weiter:"

[3] Untergliederungen müssen den übergeordneten Punkt **vollständig** klären.

Gliederungs-prinzipien

„Es ist zu beachten, dass man bei der Gliederung **alle**, nicht nur einige willkürlich gewählte Aspekte des Gliederungsoberpunktes abdeckt", sagte Kevin. „Wenn man z.B. einen Gliederungspunkt ‚Produktlebenszyklusphasen' genannt hat, dann müssen in den jeweiligen Unterpunkten alle Produktlebenszyklusphasen genannt werden." „Und was ist, wenn ich keinen Platz dafür habe, weil mein Hauptteil sich beispielsweise ausschließlich auf zwei wichtige Phasen beziehen soll?", fragte Nora. „Dann musst du den Oberpunkt umbenennen, z.B. indem du schreibst, dass es sich um ausgewählte Produktlebenszyklusphasen handelt. Allerdings solltest du dann immer beschreiben, nach welchen Kriterien du gerade diese Phasen ausgewählt hast, sonst wirft man dir ‚Rosinenpickerei' vor. Hier habe ich noch das Beispiel zur **vollständigen Untergliederung**:"

Falsch	**Richtig**
...	...
2.2 Produktlebenszyklusphasen	2.2 Produktlebenszyklusphasen
2.2.1 Einführungsphase	2.2.1 Einführungsphase
2.2.2 Wachstumsphase	2.2.2 Wachstumsphase
2.2.3 Reifephase	2.2.3 Reifephase
	2.2.4 Sättigungsphase
	2.2.5 Degenerationsphase

[4] Die Gliederung muss **konsistent** und die Gliederungstiefe soll **angemessen** sein.

„Eine Gliederung ist dann konsistent, wenn die Gliederungstiefe der einzelnen Teile der Arbeit ausgewogen ist und in etwa der Bedeutung der Punkte für die Arbeit entspricht", sprach Kevin weiter. „Was heißt das?", wollte Annkathrin wissen. „Na, das heißt, wenn du zwei Aspekte bearbeitest, dann solltest du bei beiden Aspekten einen ausgewogenen Grundlagenteil haben. Wenn du bei einem Aspekt sehr viel schreibst und bei einem anderen Aspekt nur die Definition, dann ist deine Gliederung nicht ausgewogen", war Kevins Antwort.

[5] Die Formulierung der Gliederungspunkte erfolgt in **substantivierter Form**.

„Jede Überschrift soll den darunter folgenden Inhalt möglichst knapp und aussagekräftig, d.h. eindeutig, treffend, vollständig und schnell verständlich wiedergeben. Ganze Sätze oder Fragen sind deshalb als Überschriften in wissenschaftlichen Arbeiten unüblich. Fragezeichen, Ausrufezeichen und andere Satzzeichen werden meist vermieden."

Falsch	Richtig
…	…
3.1 Wie wird sich der Preis für Benzin in Zukunft entwickeln?	3.1 Zukünftige Entwicklung des Benzinpreises
3.2 Änderungen, die sich im Verhalten der Autofahrer ergeben, wenn der Preis für Benzin immer weiter steigt…	3.2 Änderungen des Autofahrverhaltens bei steigendem Benzinpreis
	…

„Hey Leute, schaut mal her. Das verstehe ich gar nicht", sagte Nora auf einmal und holte ein Buch aus ihrer Tasche. Da habe ich mir gestern extra noch ein Buch zum wissenschaftlichen Arbeiten für Wirtschaftswissenschaftler gekauft und nun guckt euch mal die Gliederung an – die erfüllt nach meiner Meinung eigentlich keines der Kriterien, die wir gerade besprochen haben:"

Beispiel!

1. Wie alles begann
2. Was ist wissenschaftliches Arbeiten?
3. Welche Anleitungen zum wissenschaftlichen Arbeiten sind wichtig?
4. Zeitplanung
5. Was ist beim Literaturverzeichnis zu beachten?
6. Fußnoten und Belege im Text
7. Situationen der Literatursuche
8. Zeitschriften-Rankings
9. Zur Zitierwürdigkeit und Zitierfähigkeit von Quellen
10. Vom Dachthema zur Forschungsfrage
11. Vorgehensweise beim wissenschaftlichen Arbeiten
12. Gliederungsprinzipien
13. Zur wissenschaftlichen Sprache
14. Probleme beim Schreiben

„Nach dem, was Kevin gerade erklärt hat, ist hier fast jeder Gliederungspunkt falsch, oder?“, fragte die völlig entsetzte Nora. Die vier Freunde blätterten in dem Buch ‚Wissenschaftliches Arbeiten im Wirtschaftsstudium‘ und schauten sich die Gliederung genauer an. „Du hast recht“, sagte David. „Ja, hier sind eigentlich alle Regeln missachtet worden“, sagte Annkathrin. „Ja, aber warum? Warum schreibt man ein Buch zum Thema ‚Wissenschaftliches Arbeiten‘ und gliedert nicht so, wie man es in einer wissenschaftlichen Arbeit erwarten würde?“, fragte Nora weiter. „Ist das denn ein wissenschaftliches Werk?“, lautete Kevins Gegenfrage. „Hmmm ... ich weiß nicht, was meint ihr?“, fragte Nora weiter und übergab das Buch ihren Freunden. Alle blätterten und schauten rein, bis Nora selbst die auftretende Stille unterbrach: „Wenn ich das, was wir jeden Freitag bisher hier so besprochen haben, anwende, dann ist das kein wissenschaftliches Buch.“ „Das sehe ich auch so“, sagte David. „Ich denke, das ist ein Ratgeber und kein wissenschaftliches Werk“, meinte Kevin und ergänzte: „Damit muss die Gliederung nicht den wissenschaftlichen Prinzipien entsprechen, die wir hier besprochen haben. Aber lasst uns mal diese Gliederung so umformulieren, wie sie in einer wissenschaftlichen Arbeit hätte aussehen sollen.“ Der Vorschlag wurde begeistert aufgenommen – so eine praktische Übung war doch immer hilfreich. Die vier Freunde setzten sich ans Werk. Nach einigen Minuten hatten sie die folgende Gliederung erstellt, die den wissenschaftlichen Anforderungen gerecht wird:

Beispiel!

1 Einleitung

2 Grundlagen zum wissenschaftlichen Arbeiten

    2.1 Definition des wissenschaftlichen Arbeitens

    2.2 Typologie von wissenschaftlichen Arbeiten

    2.3 Ansprüche an die Wissenschaftlichkeit

    2.4 Prozess des wissenschaftlichen Arbeitens

    2.5 Anleitungen zum wissenschaftlichen Arbeiten

3 Vorbereitende Maßnahmen für wissenschaftliche Arbeiten

    3.1 Möglichkeiten der Eingrenzung des Dachthemas

    3.2 Generierung eines Themas

    3.3 Formulierung von Forschungsfragen

    3.4 Zeitplanung

4 Wissensgenerierung
- 4.1 Grundlagen der Literaturrecherche
- 4.2 Zeitschriften-Rankings
- 4.3 Zitierwürdigkeit von Quellen

5 Wissensstrukturierung
- 5.1 Vorgehensweise beim wissenschaftlichen Arbeiten
- 5.2 Gliederungstypen
- 5.3 Gliederungsprinzipien

6 Wissensdokumentation
- 6.1 Grundlegendes zur Wissenschaftssprache
- 6.2 Fußnoten und Belege im Text
- 6.3 Literaturverzeichnis
- 6.4 Probleme beim Schreiben

7 Fazit

„Okay“, meinte Annkathrin, „ich glaube, ich hab’s verstanden. Aber es kann gut sein, dass ich euch in meinem Gliederungsprozess nochmal nerve.“ Da auch die anderen noch so den einen oder anderen Zweifel hatten, beschlossen die vier, auch schon die Gliederungen gegenseitig kritisch durchzusehen. Wer sich in ein Thema eingearbeitet hat, sieht eventuelle Gliederungsfehler einfach oft nicht so schnell wie ein anderer, der versucht, sich die Thematik über die Gliederung zu erschließen.

13 Zur wissenschaftlichen Sprache

„Na, mit diesem Thema bin ich ja wohl dran", meinte Nora, als sie sich am nächsten Freitag wieder trafen, um die Regeln für die wissenschaftliche Sprache zu sichten und zusammenzustellen. „Obwohl ich festgestellt habe, dass meine guten Noten in Deutsch noch lange keine ausreichende Voraussetzung für eine gute Note im Wissenschaftsdeutsch sind – das sind nämlich zwei ganz schön verschiedene Paar Schuhe! Man kann zwar eine Reihe von Regeln für den Stil im Deutschaufsatz weiterverwenden, aber lange nicht alles. Eine Reihe von Hinweisen habe ich in meinem Buch gefunden, andere sind in der letzten Seminarsitzung besprochen worden. Dort wurde auch auf ein paar Quellen hingewiesen. Eine hat mir besonders gut gefallen. Es gibt sie in mehreren Varianten. Sucht mal im Internet nach ‚Todsünden des wissenschaftlichen Schreibens'. Da erscheint dann eine Reihe von Links, die beispielsweise sieben oder neun dieser ‚Todsünden' aufzählen."

Regeln für die Wortwahl

„Es gibt ein paar Wörter, die in einer wissenschaftlichen Arbeit in den Wirtschaftswissenschaften absolut verboten sind – in einigen wenigen Fällen mit Ausnahme der Einleitung. Das sind die ***Pronomen in der ersten Person Singular und Plural*** *und das Wort ‚**man**'."*

„Nicht so schnell!", warf Kevin ein. „Meine Grammatikkenntnisse sind nicht wirklich gut – aber heißt das wirklich, dass ich weder ‚ich' noch ‚mein' oder ‚wir' sagen kann? Oder ‚unser' bei einer allgemein akzeptierten Tatsache oder so? Wie soll ich denn dann erklären, warum ich eine Forschungsfrage wähle, wenn ich nicht mal ‚meiner Meinung nach' schreiben darf?", er raufte sich schon wieder die Haare. „Du hast absolut recht – genau das heißt es. Das hat auch etwas mit Objektivität zu tun. Deine Meinung hat bekanntlich in der Arbeit gar nix zu suchen. Wenn du deine Forschungsfrage darstellst, kannst du beispielsweise eine Situation oder ein Problem beschreiben, das untersucht werden soll. Das reicht schon – dich selbst musst du in der Einleitung nicht erwähnen!

Ein weiteres Verbot ist wichtig: ***umgangssprachliche Ausdrücke****. Sie sind meist zu ungenau, nicht exakt genug, um etwas wissenschaftlich korrekt darzustellen. Aber das Verbot galt ja auch schon für unsere Deutschaufsätze in der Schule.*

Durch die Medien sind wir an Ausdrücke gewöhnt, die ebenfalls nicht in einer wissenschaftlichen Arbeit auftauchen dürfen. Dazu gehören beispielsweise Steigerungsformen von Wörtern, die gar nicht gesteigert werden können, wie etwa ‚präsenter', ‚optimaler' oder ‚gültiger'. Beliebt sind auch sogenannte ‚Personifizierungen von Abstrakta' – ‚die Frage beantwortet sich' zum Beispiel. Das machen viele, um einen Ausdruck im Passiv zu vermeiden, aber es wird davon nicht ‚richtiger'! Natürlich sollte man versuchen, auch im Aktiv zu schreiben, aber das geht beim wissenschaftlichen Sprachstil nicht immer.

*Daneben gibt es Wörter, die unbedingt genutzt werden sollten: **einschlägige Fachausdrücke**. Sie sollten allerdings unbedingt **eindeutig definiert** sein – unklare oder nicht ausreichend definierte Begriffe führen immer zu einer schlechteren Arbeit.*

Nehmen wir nur mal den Begriff ‚Organisation'. Ein Unternehmen beispielsweise ist eine Organisation, es hat aber auch eine Organisation, nämlich eine Aufbauorganisation. Daneben gibt es für die Prozesse in dem Unternehmen eine Ablauforganisation. Wenn ich jetzt in meiner Arbeit von Organisation spreche, ohne eine klare Definition zu nennen, kann der Leser verschiedene Dinge darunter verstehen. Sofern ich selbst den Begriff nur in einer Definition verwende, wird es vielleicht noch durch den Zusammenhang klar. Richtig schlimm wird es jedoch, wenn das Wort unterschiedslos für sämtliche mögliche Bedeutungen eingesetzt wird. Dann kann man den Text nämlich missverstehen." „Und wenn es nun mehrere Definitionen gibt, welche wähle ich denn dann?" „Zunächst am besten die, die dein Themensteller vorgibt. Wenn das nicht klar ist, solltest du versuchen, im Gespräch mit dem Betreuer zu klären, was gemeint ist. Und ansonsten: sämtliche mögliche Definitionen darstellen und erläutern, warum du eine bestimmte davon wählst. Aber bitte wieder ohne ‚ich' oder ‚meiner Meinung nach'!

*Zum Fachvokabular passt noch die letzte Regel zur Wortwahl: **angemessene Nutzung von Fremdwörtern**. In der Wissenschaftssprache ist die Nutzung von gebräuchlichen Fremdwörtern absolut üblich und geboten, allerdings nicht die Überfrachtung des Textes mit solchen Ausdrücken.*

Wer sich dabei ertappt, dass er etwas vom ‚Ventilieren und Amalgamieren der Resultate' schreibt, sollte vielleicht noch einmal nachdenken, ob er das nicht stilistisch besser ausdrücken kann." David grinste: „Oder wenn etwas lediglich ‚peripher tangiert'!" „Genau!"

Wichtige Anmerkungen für das Zitieren

„Auch beim Zitieren gibt es Regeln, die über das reine Belegen hinausgehen", fuhr Nora fort. **„Zu viele wörtliche Zitate** sind ganz schlecht. Das hatten wir ja bei den Regeln für die Fußnoten oder Belege im Text schon angesprochen. Und im Zusammenhang mit dem Sprachstil ist das auch logisch: Wenn wir nur wörtliche Zitate aneinanderreihen, wechselt der Stil quasi von Satz zu Satz. Denn bei allen Regeln für den wissenschaftlichen Sprachstil: Was wir schreiben, wird immer durch unsere persönliche Art zu formulieren geprägt sein. Außerdem schreibt in aller Regel niemand, den wir zitieren, zu exakt demselben Thema. Nur wir selbst können daher themenadäquat formulieren. Dazu passt dann auch die zweite Regel für das Zitieren:

***Lediglich minimal umformulierte Sätze**, die dennoch als sinngemäßes Zitat gekennzeichnet sind, sind **Plagiate** und daher ebenfalls verboten.*

Wir müssen den Mut haben, unseren Text selbst zu formulieren." „Das ist aber gar nicht so leicht. Wie oft passiert es mir, dass ich etwas gelesen habe und dann ganz ähnlich formuliere!" David war besorgt, doch Nora konnte ihn beruhigen: „Wenn du vorwiegend englische Literatur liest und einen deutschen Text schreibst, kann dir das gar nicht passieren. Noch ein Argument mehr, vor allem englische Quellen zu suchen! – Noch eine Anmerkung zur Erinnerung an das, was Annkathrin mal gesagt hat: Bei Büchern müssen wir immer die **neueste Auflage** nehmen! Veraltete Auflagen zitiert man nicht. Wenn von einem Buch eine neue Auflage erschienen ist, kann ich die alte Auflage nur dann zitieren, wenn sie Abschnitte enthält, die in der Neuauflage weggefallen oder völlig verändert sind." „Aber was, wenn die neue Auflage in der Bibliothek noch gar nicht vorhanden ist?" „Dafür gibt es die Fernleihe. Auch wenn es mehr Mühe macht – wir sollen ja schließlich den Stand der Forschung zum Zeitpunkt der Abgabe darstellen. Und das geht nun mal nur mit neuester Literatur."

Zum Textfluss

„Das bringt mich dann auch zum nächsten Bereich.

*Der Text muss unbedingt einen **‚roten Faden'** haben – der ja auch schon in der Gliederung deutlich werden soll. Die Informationen, die im Text stehen, müssen in Beziehung zueinander gesetzt werden, nicht einfach nur aneinandergereiht.*

Wissenschaftliche Sprache

Sprachlich geschieht das zum Beispiel durch **geeignete Konjunktionen**. Durch Formulierungen kann man Gegensätze deutlich machen, Alternativen hervorheben, Schlussfolgerungen einleiten oder Parallelen aufzeigen. Beispiele dafür sind Wörter wie ‚jedoch', ‚dagegen', ‚demzufolge'. Allerdings bitte **keine Schachtelsätze**. Komplizierte Satzgefüge über viele Zeilen lesen sich schlecht und bergen viele Gefahren, oft geht nämlich dabei der richtige Bezug verloren.

Auch die **Gestaltung der Absätze** ist wichtig. Ein Absatz soll einen **kompletten Gedankengang** enthalten. Daher sollten einzelne Absätze auf keinen Fall zu kurz sein. Insbesondere die beliebten ‚Ein-Satz-Absätze' muss man unbedingt vermeiden – aber das hatten wir ja schon im Deutschunterricht. In der Abschlussarbeit ist das noch aus einem anderen Grund wichtig: Vor jedem Absatz lässt man in der Regel eine Zeile frei. Zu viele Absätze sind also Platzverschwendung." „Kein Problem – ich werde ohnehin Schwierigkeiten haben, die Seiten zu füllen!" Kevin sah das locker. „Denkst du! Ich habe noch von niemandem gehört, der bei einer guten und vollständigen Bearbeitung des Themas Probleme hatte, ausreichend viel zu schreiben. Die wussten alle immer nicht, wie sie kürzen sollten!" Annkathrin hatte da deutlich mehr Bedenken.

„Aber wenn ihr spracheffizient schreibt und angemessen lange Absätze macht, vermeidet ihr auf alle Fälle schon einen Teil der Platzprobleme." Nora wollte gerne noch die weiteren Aspekte ergänzen. „Zu lange Absätze gehen aber auch nicht. Wenn ein neuer Gedankengang beginnt, sollte man das auch durch die Textstruktur kenntlich machen. Ebenso sollte kein Abschnitt länger sein als maximal drei Seiten, bei kurzen Arbeiten eher auch kürzer. Und auch wenn **Zwischenüberschriften** ebenfalls Platz kosten, sie erleichtern das Lesen! Zu kurz ist ebenfalls nicht gut. Da scheinen die Regeln etwas zu variieren. In meinem Buch steht etwas von mindestens einer drei viertel Seite, im Kurs wurde gesagt, dass es mindestens eine halbe Seite sein soll."

Inhaltliche Anmerkungen

„Zum Schluss: Stil und Inhalt können sich gegenseitig bedingen. **Irrelevante Ausführungen** sind, wie wir ja schon gelernt haben, nicht valide. **Wiederholungen** müssen sowohl aus Gründen der Spracheffizienz als auch aus inhaltlichen Gründen vermieden werden. Ganz oft sind Fehler in der Gliederung, wenn viele Wiederholungen nötig zu sein scheinen. Dann ist beispielsweise eine Unterteilung in der Gliederung nicht kriterienrein, sodass einzelne Aspekte zu mehreren Unterpunkten passen. Immer dann, wenn nicht klar ist, wo ein bestimmter

Aspekt beschrieben werden muss, sollte man überprüfen, ob die Gliederung nicht noch verbessert werden kann."

Die anderen guckten nach Noras Vortrag ziemlich skeptisch. „Es erscheint mir nicht wirklich einfach, alle diese Anforderungen umzusetzen. Da wirst du viel zu korrigieren haben!", meinte David. „Das geht schon in Ordnung, schließlich habe ich euch das ja versprochen. Übrigens habe ich schon bei zwei Arbeiten sprachlich Korrektur gelesen – und die sind beide gut bewertet worden. Das ist mal eine Anforderung, vor der mir nicht bange ist!"

14 Probleme beim Schreiben

„In meinem Buch stand auch noch eine Menge darüber, wie man Schreibprobleme überwinden kann. Wollt ihr das noch hören?“ „Klar!“, meinte Kevin. „Ihr wisst doch – Aufschieberitis ist meine Grundkrankheit. Und wenn ich dann noch unter Druck formulieren soll, sitze ich oft vor dem leeren Bildschirm wie das Kaninchen vor der Schlange. Schreibprobleme kenne ich schon von der Facharbeit zur Genüge, daher sehe ich da viele Schwierigkeiten auf mich zukommen!“

Schreibblockade durch die ‚leere Seite‘

„Damit hast du schon ein erstes Problem angesprochen – die ‚**Angst vor der leeren Seite**‘. Das haben viele Leute, es ist absolut nicht ungewöhnlich. Hier hilft die Arbeit am Computer richtig gut weiter. Ich habe gemerkt, wie alt das Buch ist, als vom handgeschriebenen Manuskript die Rede war. Oder schreibt ihr noch mit der Hand vor?“ „Ja, manchmal – aber mehr Stichwörter.“ „Nein, gar nicht mehr.“ Die Antworten waren unterschiedlich. „Jedenfalls, wenn man am Computer arbeitet, kann man sich bewusst machen, dass es nicht unbedingt der erste Satz sein muss, mit dem man anfängt. Jede Idee zu dem Textabschnitt, den man gerade bearbeiten will, kann man erst einmal in Stichwörtern oder aber auch schon gut ausformuliert hinschreiben – alles kann überarbeitet und an den richtigen Platz im endgültigen Text verschoben werden. Damit ist der Bildschirm nicht mehr leer, und das Weiterschreiben fällt leichter.

Wenn man die Arbeit mit einem ‚Brainstorming‘ beginnt, bekommt man auch schneller einen Überblick über die Ideen, die man im jeweiligen Textabschnitt verarbeiten möchte. – Ein Tipp noch: Die Einleitung ist ja ein ganz wichtiger Teil des Textes, weil sie Interesse wecken und die Fragestellung genau abgrenzen soll. Daher schreibt man sie am besten am Schluss.

Jetzt gibt es aber Leute, die ohne Einleitung nicht mit dem eigentlichen Text anfangen mögen – auch eine Taktik, die ‚Angst vor der leeren Seite‘ zu überwinden. Dann muss man sich nur bewusst machen, dass die einmal geschriebene Einleitung vermutlich so nicht bleiben wird.“ „Stimmt!“, sagte Kevin, „Das war bei meiner Facharbeit auch so. Als ich die Einleitung zum Schluss nochmal las, habe ich sie komplett gelöscht – ich hatte das Gefühl, sie war für ein ganz anderes Thema geschrieben!“ „Ja, das geht vielen so. Auch das gehört wohl zum wissenschaftlichen Arbeiten dazu.“

Schreibblockade durch Perfektionismus

„Ein weiteres Problem ist die Angst davor, nicht gut genug zu schreiben. Viele Studierende wollen alles perfekt machen und trauen sich deswegen nicht, auch nur einen Satz zu Papier zu bringen. Das ähnelt im Effekt eigentlich der Angst vor dem leeren Blatt. Und die Tipps zu deren Überwindung helfen hier zum Teil auch. Wenn ich am PC schreibe, kann ich alles ohne großen Aufwand noch korrigieren und verbessern. Es macht also nichts, wenn ich zunächst nicht mit ausgefeilten Sätzen anfange, manchmal nur ein paar Stichwörter schreibe – und vielleicht sogar an einigen Stellen erstmal nur eine Frage. Wenn man einmal angefangen hat, fällt das Weiterschreiben leichter, und zum Schluss wird dann doch ein guter Text daraus, egal, wie groß die Zweifel an den eigenen Fähigkeiten am Anfang waren. Einen Fehler darf man aber nicht machen: Aus der Angst heraus, nicht gut genug zu formulieren, reihen manche Leute ein wörtliches Zitat an das andere. Aber darüber, dass das nicht geht, haben wir ja schon gesprochen."

Schreibblockade durch zu viel ungeordnete Information

„Viele haben auch Probleme mit dem Schreiben, weil ihnen zu viele Detailinformationen im Kopf herumschwirren und der ‚rote Faden' noch nicht klar ist. Das ist ein Problem, dem man von Anfang an, schon bei der Literatursuche und -verwaltung, vorbeugen muss. Immer, wenn man etwas liest, sollte man sich Gedanken machen, an welcher Stelle der Gliederung man das Gelesene verwenden will. Wir brauchen ein System, mit dem wir die Literatur zu den einzelnen Gliederungspunkten auch wiederfinden. Die einfachste Möglichkeit ist eine Datei mit der Gliederung, in die man beim Lesen zu den einzelnen Gliederungspunkten immer wieder neue Stichpunkte und Hinweise auf Literatur einträgt. Wer ohne Laptop in die Bibliothek geht, kann seine Literatur auf Karteikarten verwalten – eine mindestens postkartengroße Karteikarte pro Quelle, mit allen Angaben, die man auch für das Literaturverzeichnis braucht, und mit möglichst auf den ersten Blick erkennbaren Kennzeichen für jeden Gliederungspunkt, zu dem man diese Veröffentlichung verwenden will. Mit PC geht das natürlich besser – dafür stehen die Literaturverwaltungsprogramme zur Verfügung.

Zum Ordnen der Gedanken gibt es altbewährte Methoden, wie Brainstorming, die bei der Zeitplanung erwähnten Post-it® an einer Tür oder Mindmapping.

Letzteres kann man auch am PC, dafür gibt es spezielle Programme, die sehr hilfreich sind. Allerdings ist es damit wie mit den Literaturverwaltungsprogrammen: Man sollte sich entweder rechtzeitig einarbeiten oder lieber PC-freie Methoden verwenden. Denn auch das Einarbeiten in neue Programme ist eine ‚gute' Möglichkeit, um Zeit zu verschwenden und sich von der eigentlichen Arbeit abzulenken – wie so viele Tätigkeiten. Bei euch waren doch sicher die Fenster auch noch nie so sauber wie in Klausurvorbereitungszeiten?" „Stimmt!"

Schreibblockade durch den unbekannten Adressaten

„Wenn wir eine Abschlussarbeit schreiben, dann nicht für den Professor oder die Professorin und auch nicht für einen Betreuer oder so. Im Prinzip schreiben wir für die ‚interessierte Öffentlichkeit' – auch das haben wir ja schon besprochen. Gewisse Grundkenntnisse können aber doch vorausgesetzt werden. Was beispielsweise Marketing oder Mikroökonomie sind, muss ich nicht erklären, die besonderen Fachtermini für mein Thema aber schon. Vor allem darf ich nicht voraussetzen, dass mein Leser alles ohnehin schon weiß. Hilfreich ist es, die Arbeit so zu schreiben, wie ich sie einem interessierten Studierenden der Wirtschaftswissenschaften erklären würde. Vielen hilft es, sich eine konkrete Person als Gegenüber vorzustellen – vielleicht nicht unbedingt den eigenen Professor oder die Professorin, damit man nicht nervös wird und wieder zum Perfektionisten, sondern eher einen am Thema interessierten Mitstudierenden. Meist hilft das nicht nur gegen die Schreibblockade, sondern führt auch zu einem besseren, nicht so ‚geschraubten' Stil. Aber nicht in die Umgangssprache abdriften!"

Schreibprobleme

Probleme durch Fehler im Thema oder in der Gliederung

„Fehler in der Gliederung führen in vielerlei Hinsicht zu Problemen, das hatten wir ja schon gesehen. Manchmal ist die Themenformulierung oder die Forschungsfrage nicht konkret genug. Dann ‚stochert man im Nebel', weiß nicht so genau, was eigentlich noch dazu gehört und was schon nicht mehr. Die Folge ist dann meist eine Gliederung ohne durchgehenden ‚roten Faden', mit logischen Brüchen und mangelnder Kriterienreinheit bei den Unterpunkten. Das macht das Schreiben schwierig und die Zuordnung der einzelnen Details zu den Unterpunkten wird problematisch.

Vor der Beschäftigung mit der Grobgliederung muss die Forschungsfrage exakt feststehen! Jede auch noch so kleine Änderung in der Fragestellung kann unter Umständen dazu führen, dass ich große Teile der Arbeit neu schreiben muss.

Was dagegen meist völlig unproblematisch ist: Während der Bearbeitung ergibt sich oft, dass ein Gliederungspunkt aufgrund eines wichtigen Kriteriums nochmal unterteilt werden muss. Oder es zeigt sich, dass eine Unterteilung nicht vollständig war, sodass ein weiterer Unterpunkt auf einer Gliederungsebene eingefügt werden muss. Solche Änderungen kann man beim Schreiben noch einfügen. Sie betreffen ja immer nur einen der Oberpunkte, den man ohnehin behandeln wollte." „Oh, damit habe ich aber ein Problem! Zumindest, wenn es stimmt, was ich gehört habe. Wir müssen vor der endgültigen Themenvergabe ja ein Exposé einreichen. Und darin steht schon eine Gliederung!" „Damit kann eigentlich nur die Grobgliederung gemeint sein, also meist bis zur zweiten Gliederungsebene. In der Regel darf man schon noch weitere Ebenen einfügen. Sonst musst du wirklich in diesen wenigen Tagen richtig viel Zeit in die erste Literaturübersicht und den Aufbau der Gliederung investieren, damit du dir nicht große Probleme schaffst."

Schwierigkeiten, das Geschriebene zu ändern

„Ein Problem, das viele betrifft, besteht in der Schwierigkeit, etwas Geschriebenes wieder zu ändern." „Oh, das kenne ich!," sagte David, „Das ist mir bei der Facharbeit so gegangen. Es war überhaupt kein Problem, einen Abschnitt davon zu formulieren – aber wehe, ich sah später, dass er an eine andere Stelle gehört hätte oder dass die Reihenfolge der Argumente nicht optimal war. Neu schreiben ging da schneller!" „Ja, genau so ist das in meinem Buch beschrieben. Und es scheint wohl so zu sein, dass es bei so einer Arbeitsweise keinen Sinn hat, den Umgang mit Texten so lange zu üben, bis man daran ‚feilen' kann. Diejenigen, die dieses Problem haben, strukturieren meistens in Gedanken ihre Ausführungen schon sehr klar, arbeiten sie im Kopf x-mal um, bis sie sie endlich zu Papier bringen. Das sind oft die Leute, die erst spät mit dem Schreiben anfangen, aber dann unter Umständen viele Seiten pro Tag schaffen.

Weil der Text oft schon sehr gut durchdacht ist, kann es helfen, einfach während der Schreibsitzung immer wieder zu gucken, ob das Ergebnis okay ist oder noch zu viele Fehler aufweist. Im Buch wurde der Tipp gegeben, sich notfalls einen Wecker zu stellen, der in regelmäßigen Abständen eine Schreibpause einläutet – im wahrsten Sinne des Wortes! In dieser Pause wird dann kritisch gelesen. Wenn die Zeitabstände nicht zu groß sind, kann noch nicht wieder viel Neues auf dem Papier oder dem Bildschirm stehen, sodass im schlimmsten Fall ein komplettes Streichen keinen hohen Zeitverlust bedeutet." „Hm, so ähnlich habe ich das gemacht", sagte David, „Das hat gar nicht schlecht funktioniert. Die Methode kann ich also tatsächlich empfehlen!"

Schwierigkeiten, den ‚roten Faden' einzuhalten

„Das letzte Problem, das hier im Buch beschrieben ist, kenne ich so nicht – aber die Tipps dazu finde ich trotzdem beherzigenswert." Nora hatte die letzte Seite ihrer Mitschrift aufgeschlagen. „Manche Leute können prima mit dem Schreiben anfangen, aber dann kommen sie ‚vom Hundertsten ins Tausendste' und landen irgendwo, nur nicht da, wo sie laut Gliederung mit dem jeweiligen Abschnitt landen sollten. Hier ist ein Aspekt interessant, dort scheint ein Detail unverzichtbar. Ganz schnell ist der ‚rote Faden' der Gliederung verloren. So ähnlich wie bei der ersten Literatursuche, nur halt auf das Schreiben des Textes bezogen." „Och", sagte Annkathrin, „da will ich nicht ausschließen, dass mir das passieren könnte. Im Deutschaufsatz hatte ich schon das eine oder andere Mal ein dickes, rotes ‚Thema!' am Rand stehen." „Ja, okay, stimmt, das kann schon mal passieren." Nora hatte ein paar gute Tipps mitgeschrieben: „Wenn man das vermeiden will, sollte man sich explizite Ziele für die jeweilige Arbeits- und Schreibsitzung setzen. Man kann dann auch während des Schreibens immer mal wieder überprüfen, ob man noch auf dem Weg zu diesem Ziel ist.

Sehr hilfreich ist auch, jemandem vor dem Schreiben zu erzählen, was im jeweiligen Gliederungspunkt enthalten sein soll. Dann muss man seine Gedanken ordnen und ein anderer merkt viel schneller, ob man vom Thema abweicht. Gerade wenn er das Thema nicht kennt, fällt ihm schneller auf, ob seine Fragestellungen dazu beantwortet werden oder ob einzelne Aspekte oder Abschnitte sogar überflüssig sind. Hier kommt wieder ganz stark die Teamarbeit ins Spiel. Wir sind ja schon geübt – vielleicht sollten wir das nicht nur für die Korrekturen, sondern auch für das Schreiben fortsetzen.

Ein letzter Tipp dazu – und den finde ich für jedes Schreiben hilfreich – war, die Gliederung für die Arbeit noch zu verfeinern. Je nach Anleitung sollen wir ja nicht mehr als drei oder vier Gliederungsebenen haben. Aber nichts hindert uns, zu Arbeitszwecken sehr viel mehr Ebenen einzuführen, die dann aber nicht in der Arbeit auftauchen. Sozusagen ‚gedankliche Abschnittsüberschriften'. Außerdem, wie oben schon erwähnt, kann man eine Arbeitsgliederung zusätzlich noch mit Stichpunkten anreichern. Das hilft mit Sicherheit zu einer guten Struktur des Textes und zu einem zieladäquaten Inhalt.

Zusammenfassend: Während des Schreibens kann man eine Reihe von Techniken anwenden, die das eine oder andere Problem aus der Welt schaffen oder zumindest deutlich abmildern. Aber viele Schwierigkeiten haben ihre Ursache in der mangelnden Vorarbeit!

Eine gute Zeitplanung und eine fehlerlose Gliederung fangen viele Probleme im Vorfeld ab!"

„Mit dem Hinweis auf die Zeitplanung sind wir fast wieder am Anfang unserer Treffen. Das passt ja ganz gut – denn in den nächsten Wochen wird sich zeigen, ob wir diese ganze Theorie auch in die Praxis umsetzen können. Planen wir doch einfach mal auf der Basis unseres jetzigen Wissens die nächsten Wochen detaillierter als am Anfang", meinte David. Die vier fingen an, über die Zeit bis zur Abgabe zu diskutieren.

Dann sagte Annkathrin plötzlich: „Ich habe mir jeden Freitag immer einige Sachen notiert, die ich beachten möchte – auch aus meinem Kurs. Und daraus ist unter anderem eine Checkliste für die fertige Arbeit vor der Abgabe geworden. Vielleicht hilft sie euch auch."

Checkliste!

Merkblatt für die wissenschaftliche Arbeit

Deckblatt

» Titelblatt ist formal gemäß den Vorgaben des Lehrstuhls erstellt worden.

» Titelblatt enthält den Titel der Arbeit.

» Titelblatt enthält alle notwendigen Informationen (Namen, Kontaktdaten, Fachsemester, Lehrstuhl/Fachbereich etc.).

Einleitung

» Problemstellung ist klar und eindeutig formuliert.

» Thema ist aktuell und für die Wissenschaft/Praxis relevant.

» Themenrelevante Forschungslücken werden identifiziert.

» Forschungsfrage(n) ist/sind eindeutig formuliert und begründet.

» Ziel der Arbeit wird klar, präzise und unmissverständlich formuliert.

Gliederung

» Gliederung ist formal korrekt (auf jeder Gliederungsebene mindestens zwei Gliederungspunkte etc.).

» Gliederungspunkte sind in substantivierter Form formuliert (keine Satzzeichen, keine Abkürzungen etc.).

» Gliederung ist inhaltlich korrekt.

» Gliederung ist verständlich und in Bezug auf das Thema aussagefähig.
» Die Strukturierung der Argumentation folgt stringent einer wissenschaftlichen Methode (Deduktion, Induktion, Dialektik, kausale bzw. vergleichende Methode).
» Die Untergliederung ist zweckmäßig, vollständig und konsistent.
» Ein roter Faden ist deutlich erkennbar.

Grundlagenteil

» Definitionen zentraler Begriffe und eine sachgerechte Begriffsabgrenzung sind vorhanden.
» Darlegung der für den Hauptteil benötigten Grundlagen und Forschungsstände ist vorhanden, insbesondere bei
  - Induktion: Beschreibung der einzelnen Beobachtungen bzw. Studien
  - Deduktion: Beschreibung der Grundlagen von mindestens einer Theorie bzw. einem theoretischen Ansatz
  - kausaler Methode: Beschreibung der Ursachen *oder* der Auswirkungen
  - Dialektik: Beschreibung der grundlegenden Aspekte der These und einer Antithese
  - vergleichender Methode: Beschreibung der Grundlagen zu Vergleichsobjekten und Vergleichskriterien.
» Wesentliche Themenaspekte werden hinreichend berücksichtigt, eine Fokussierung auf bestimmte Teilaspekte wird begründet.

Hauptteil

» Theoretische/konzeptionelle wissenschaftliche Grundlagen werden im Rahmen der Argumentation im Hauptteil genutzt.
» Wesentliche Problemaspekte werden aufgegriffen und lösungsorientiert diskutiert.
» Mittels der geeigneten, systematischen und strukturierten Vorgehensweise wird für die Problemstellung eine Lösung entwickelt.
» Der entwickelte Ansatz ist zur Lösung der vorliegenden Problemstellung geeignet und umsetzbar.

» Argumentations- und Beweisketten sind lückenlos und in sich widerspruchsfrei.
» Eine kritische Würdigung wissenschaftlicher Beiträge ist vorhanden.

Fazit

» Die Forschungsfrage wird kurz und präzise beantwortet.
» Nutzen der Arbeit für Wissenschaft/Praxis wird dargestellt.
» Weitere Implikationen für die Wissenschaft/Praxis werden dargestellt (eventuell sich ergebende neue Forschungsfragen).

Zitierweise

» Fußnoten bzw. Literaturangaben im Text sind formal korrekt.
» Fußnoten enden mit einem Punkt.
» Literaturangaben werden inhaltlich dem Text an der richtigen Stelle zugeordnet.
» Alle wesentlichen Textbausteine werden mit Literaturquellen belegt.
» Die exakte Kenntlichmachung aller fremder Quellen durch korrekte, konsistente Zitiertechnik ist gegeben.
» Die Zitierform (z. B. APA-Style, Chicago Style, Harvard Style etc.) werden bei der Zitierweise konsequent und fehlerfrei umgesetzt.
» Wortwörtliche Zitate sind kurz und werden selten verwendet (keine Aneinanderreihung wortwörtlicher Zitate).
» Sinngemaße Zitate sind neu formuliert (keine Abwandlung von lediglich einigen Wörtern).

Literaturquellen

» Problemadäquate, wissenschaftliche Quellen werden in angemessenem Umfang berücksichtigt.
» Die Quellenauswahl entspricht dem aktuellen Forschungsstand.
» Die Quellen sind zitierwürdig und zitierfähig.
» Berücksichtigung praxisnaher Informationen (z. B. Firmen- und Branchenspezifika) ist gegeben, falls erforderlich.
» Zu jedem Beleg ist eine Quellenangabe im Literaturverzeichnis vorhanden, zu jeder Quellenangabe im Literaturverzeichnis gibt es mindestens einen Beleg.

Schreibstil

» Die Ausdrücke sind eindeutig und präzise (keine umgangssprachlichen Formulierungen).

» Die Spracheffizienz ist gegeben (keine Wiederholungen).

» Die Absätze sind korrekt. Eine klare Gedankenführung (ein Gedanke = ein Absatz) ist erkennbar.

» Eine angemessene Nutzung von Fremdwörtern und einschlägigen Fachausdrücken ist vorhanden.

» Eine korrekte Anwendung der Regeln der Rechtschreibung, Grammatik und Zeichensetzung ist gegeben.

Form

» Alle notwendigen Verzeichnisse (Inhalts-, Abbildungs-, Tabellen-, Abkürzungs-, Literaturverzeichnis und Anhang) sind formal korrekt.

» Abbildungen und Tabellen sind nummeriert und mit einer Quellenangabe versehen.

» Alle Darstellungen sind gut lesbar.

» Alle Seiten sind nummeriert.

» Die äußere Form ist korrekt, Deckblatt, Verzeichnisse, Selbstständigkeitserklärung, Lebenslauf sind vorhanden.

» Die Regeln zum Umfang der Arbeit werden eingehalten (Abweichungen sind nur mit Zustimmung des Lehrstuhlbetreuers erfolgt).

Liebe Studierende,

nach dieser hoffentlich nützlichen Checkliste verlassen wir die „Letzte Klausur" und hoffen, dass Sie beim Lesen viele hilfreiche Tipps bekommen haben. Vielleicht hat aber auch das eine oder andere Thema gefehlt oder ist zu kurz gekommen. Anmerkungen für eine eventuelle dritte Auflage und Kommentare können Sie uns über den Verlag zukommen lassen. Und wir möchten Ihnen noch einige Übungsblätter zum Ausfüllen und eine Literaturliste zur Verfügung stellen – einige Beispiele für Bücher zum Thema „Wissenschaftliches Arbeiten", mit deren Hilfe Sie sich weitergehende Aspekte erschließen können.

Viel Erfolg bei Ihren wissenschaftlichen Arbeiten!

Anhang

Übungsblatt 1: Fünf-Perspektiven-Modell

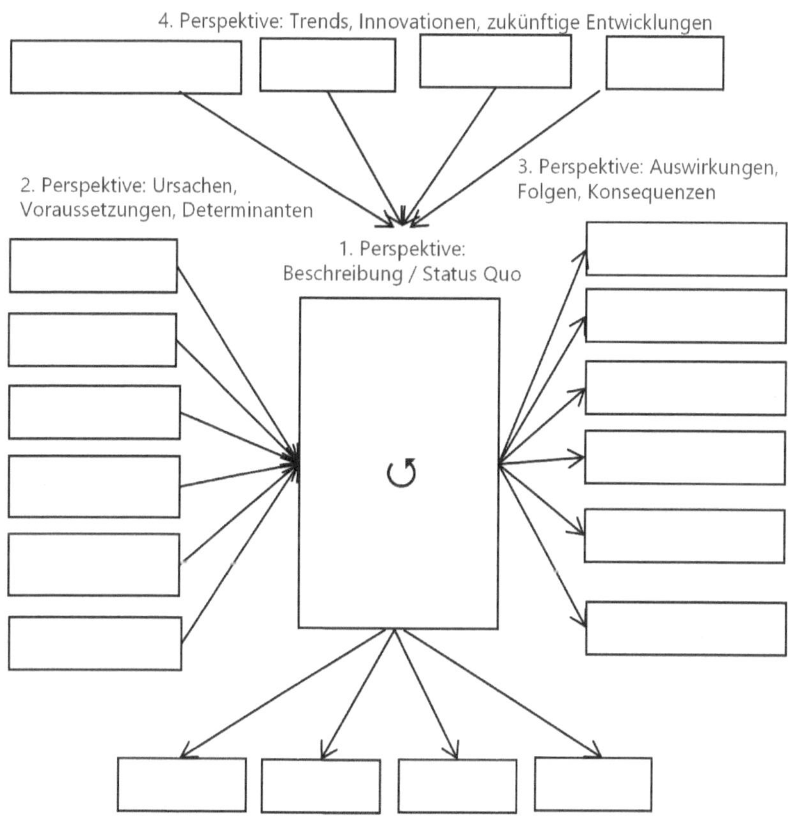

Übungsblatt 2: Überlegungen und Themenvorschläge zu einem selbst gewählten Dachthema

Dachthema: ....

1. Perspektive: Beschreibung / Status Quo

I. Thema:

....

II. Thema:

....

2. Perspektive: Ursachen / Voraussetzungen / Determinanten

I. Thema:

....

II. Thema:

....

3. Perspektive: Auswirkungen / Folgen / Konsequenzen

I. Thema:

....

II. Thema:

....

4. Perspektive: Trends, Innovationen, zukünftige Entwicklungen Technologien etc.

I. Thema:

....

II. Thema:

....

5. Perspektive: Übertragungsmöglichkeiten aus anderen Fachbereichen

I. Thema:

....

II. Thema:

....

Übungsblatt 3: Themenvorschläge und passende Forschungsfragen

Dachthema: ....

1. Perspektive: Beschreibung / Status Quo

Thema: ....

Forschungsfrage: ....

....

2. Perspektive: Ursachen / Voraussetzungen / Determinanten

Thema: ....

Forschungsfrage: ....

....

3. Perspektive: Auswirkungen / Folgen / Konsequenzen

Thema: ....

Forschungsfrage: ....

....

4. Perspektive: Trends, Innovationen, zukünftige Entwicklungen etc.

Thema: ....

Forschungsfrage: ....

....

5. Perspektive: Übertragungsmöglichkeiten aus anderen Fachbereichen

Thema: ....

Forschungsfrage: ....

....

Übungsblatt 4: Literatur-Such-Matrix

Datenbanken / Suchbegriffe							

Übungsblatt 5: Zeitschriften-Ranking im Fach ....

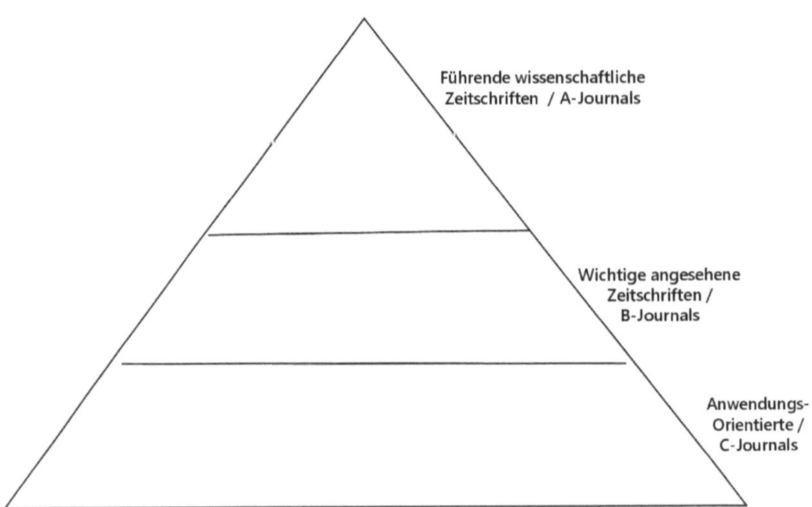

Übungsblatt 6: Zeitplanung am Beispiel einer Hausarbeit
(Bearbeitungszeit 8 Wochen)

Schritt	Wochen							
	1	2	3	4	5	6	7	8
1. Dachthema analysieren								
2. Fünf-Perspektiven-Modell								
3. Thema eingrenzen								
4. Definitionen klären								
5. Literaturrecherche								
6. Forschungsfrage/n generieren								
7. Grobgliederung erstellen								
8. Literatur lesen und strukturieren								
9. Wissenschaftliche Methode festlegen								
10. Feingliederung erstellen								
11. Text verfassen								
12. Layout, Abbildungen, Tabellen, Verzeichnisse erstellen								
13. Korrekturlesen & lesen lassen								
14. Korrekturen einarbeiten								
15. Drucken und evtl. binden lassen								
16. Reservezeit								
17. Abgeben								

Übungsblatt 7: Vorlage für eigene Zeitplanung

Arbeitsschritte	Wochen							
	1	2	3	4	5	6	7	8
1.								
2.								
3.								
4.								
5.								
6.								
7.								
8.								
9.								
10.								
11.								
12.								
13.								
14.								
15.								
16.								
17.								

Literaturverzeichnis

Brauner, Detlef Jürgen/Heinz-Ulrich Vollmer: Erfolgreiches wissenschaftliches Arbeiten. Seminararbeit – Diplomarbeit – Doktorarbeit. 3., überarbeitete und erweiterte Auflage. Sternenfels: Wissenschaft & Praxis, 2008

Ebster, Claus/Lieselotte Stalzer: Wissenschaftliches Arbeiten für Wirtschafts- und Sozialwissenschaftler. 5., überarbeitete und erweiterte Auflage. UTB: Wirtschaftswissenschaften, Sozialwissenschaften, Bd. 2471. Wien: Facultas, 2017

Esselborn-Krumbiegel, Helga: Von der Idee zum Text. Eine Anleitung zum wissenschaftlichen Schreiben. 5., aktualisierte Auflage. UTB: Schlüsselkompetenzen, Kernkompetenzen, Bd. 2334. Paderborn: Schöningh, 2017

Heister, Werner/Dagmar Weßler-Poßberg: Studieren mit Erfolg: Wissenschaftliches Arbeiten für Wirtschaftswissenschaftler. 2., überarbeitete und erweiterte Auflage. Stuttgart: Schäffer-Poeschel, 2011

Jele, Harald: Wissenschaftliches Arbeiten: Zitieren. 3. Auflage. Stuttgart: Kohlhammer, 2012

Stickel-Wolf, Christine/Joachim Wolf: Wissenschaftliches Arbeiten und Lerntechniken: Erfolgreich studieren – gewusst wie! 7., aktualisierte und überarbeitete Auflage. Wiesbaden: Springer Gabler, 2013

Stoetzer, Matthias: Erfolgreich recherchieren. München u.a.: Pearson, 2012

Theisen, Manuel René: Wissenschaftliches Arbeiten: Erfolgreich bei Bachelor- und Masterarbeit. Unter Mitarbeit von Martin Theisen. 18., neu bearbeitete und gekürzte Auflage. München: Vahlen, 2021

Wytrzens, Hans Karl u.a.: Wissenschaftliches Arbeiten: Eine Einführung. 5., überarbeitete Auflage. Wien: Facultas, 2017

Glossar

Akronym

Kurzwort, das aus den Anfangsbuchstaben mehrerer Wörter besteht

Alpen-Methode

Methode des Arbeits- und Zeitmanagements. Sie umfasst fünf Arbeitsschritte: 1 Aufgaben, Termine und geplante Aktivitäten notieren; 2 Länge schätzen; 3 Pufferzeiten einplanen; 4 Entscheidungen treffen; 5 Nachkontrolle

APA Style

Zitierformat nach dem Standard der American Psychological Association

Beleg

hier kurz für Literaturbeleg, Kennzeichnung der Übernahme fremden Gedankenguts

Boolescher Operator

Ausdruck (Symbol oder Wort) zur Beschreibung bestimmter logischer Verknüpfungen zwischen einzelnen Suchwörtern; Beispiele: UND, ODER und NICHT zum Einengen oder Erweitern einer Suche

Chicago Documentation Style

Zitierformat nach dem Standard der University of Chicago Press (auch Turabian genannt).

Cited Reference Search

Suche nach weiteren Publikationen, die eine bestimmte Literaturquelle zitiert haben (Vorwärtssuche)

Dachthema

übergordneter, sehr allgemeiner Themenbereich

Datenbank

große Sammlung von in strukturierter Form elektronisch gespeicherten Daten, mittels Computer abfragbar; hier grundsätzlich verwendet für Literaturdatenbanken

Deduktion

logisches Verfahren der Ableitung von Hypothesen aus allgemeinen Aussagen (z.B. Theorien)

Deduktive Methode

Ableitung spezieller Sachverhalte aus allgemeinen Tatbeständen

Determinante

bestimmender Faktor

Dialektik

hier ein Argumentationsstil, bei dem Thesen Gegenthesen gegenübergestellt werden, mit dem Ziel, eine Synthese zu finden

Dissertation

für die Erlangung des Doktorgrades angefertigte wissenschaftliche Arbeit, Doktorarbeit

Empirisch

aus der Erfahrung, Beobachtung, erfahrungswissenschaftlich, d.h. an Tatsachen, Beobachtungen in der Realität überprüft

Erhebungsmethode

Methode zur Aufnahme des Istzustandes, z.B. die mündliche Befragung durch Interview, die schriftliche Befragung durch Fragebogen, die Beobachtung

Exposé

schriftlich niedergelegte, erläuternde Darstellung, Denkschrift, Bericht; hier: Erläuterung des Forschungsvorhabens im Rahmen einer wissenschaftlichen Arbeit

Fernleihbestellung

Bestellung einer Dienstleistung von Bibliotheken, die am Ort nicht vorhandene Medien im Rahmen des Leihverkehrs aus anderen Bibliotheken besorgen

Forschungsfrage

Fragestellung, die das Ziel einer wissenschaftlichen Arbeit beschreibt

Fußnote

auf eine Textstelle bezogene Anmerkung am unteren Rand einer Seite

Gliederung

Einteilung eines Ganzen in mehrere strukturelle Teile oder Bereiche, hier: Gliederung des Textes einer Arbeit

Google Scholar

Suchmaschine bei Google, die eine Suche speziell nach wissenschaftlichen Texten ermöglicht

Harvard Style

Zitierregeln nach dem Standard der Harvard University

Herausgeber

Person (oder auch Personengruppe), die schriftstellerische, wissenschaftliche bzw. künstlerische Beiträge eines oder mehrerer Autoren zur Publikation vorbereitet, gegebenenfalls auch die Einhaltung von wissenschaftlichen und formalen Standards überwacht

Hypothese

Behauptung/Annahme, die für die Zwecke der weiteren Forschung aus Theorien abgeleitet wurde (Deduktion) oder auf die aus zahlreichen Beobachtungen/Experimenten geschlossen wurde (Induktion)

Induktion

logisches Verfahren, bei dessen Anwendung vom Besonderen (z.B. Beobachtungen) auf das Allgemeine (z.B. Hypothesen oder Theorien) geschlossen wird

Induktive Methode

Bezeichnung für eine Vorgehensweise, bei der von empirisch feststellbaren Sachverhalten auf allgemeine Gegebenheiten geschlossen werden soll

Journal Ranking

ein Ranking von Zeitschriften

Katalog

nach einem bestimmten System geordnetes Verzeichnis von Gegenständen, Namen o.Ä., hier: Bibliothekskatalog, Verzeichnis der Medienbestände einer Bibliothek

Kausale Methode

Verfahren, das auf der Basis korrelativer Beziehungen aus experimentellen und nicht-experimentellen Daten versucht, Kausalitäten zu überprüfen und zu quantifizieren

Literaturverzeichnis

Verzeichnis der Literaturquellen, die im Rahmen einer wissenschaftlichen Arbeit wörtlich oder sinngemäß zitiert wurden

Objektivität

Unabhängigkeit einer wissenschaftlichen Aussage von subjektiven Einschätzungen und Bewertungen

Plagiat

Unrechtmäßige Aneignung von Gedanken, Ideen o.Ä. einer anderen Person; Diebstahl geistigen Eigentums

Primärliteratur

Originalliteratur, Schriften eines Autors oder Quellenwerke (z.B. Gesetze, Urkunden), die zum Gegenstand wissenschaftlicher Forschung werden können

Qualitative Forschung

Erhebung und Auswertung nicht standardisierter Daten

Quantitative Forschung

Sammeln und Analysieren von Daten, die in Zahlen ausgedrückt werden können

Reliabilität

Gütekriterium; Reliabilität einer Messmethode gibt an, inwieweit Messergebnisse, die unter gleichen Bedingungen mit identischen Messverfahren erzielt werden (z.B. bei Wiederholungsmessungen), übereinstimmen

Sekundärliteratur

wissenschaftliche und kritische Werke über andere Schriften

Sinngemäßes Zitat

sinngemäße Wiedergabe fremder Äußerungen

Tatsache

Sachverhalt der wirklich, nachweisbar gegeben oder geschehen ist

These

Behauptung/Annahme, die ohne Überprüfung zur Grundlage weiterer Behauptungen oder Argumentationen gemacht wird

URL

URL (Uniform Resource Locator: Einheitliche Ressourcen-Verortung), Adresse im Internet oder auf einem Rechner

Validität

Maß für die inhaltliche Gültigkeit einer Untersuchung und ihrer Ergebnisse

Wörtliches Zitat

wörtlich zitierte Textstelle

Stichwörter

F

G

H

I

J

K

L

M

Antje Ries

Erfolgreich studieren mit Projektmanagement

Mit zahlreichen Praxis-Tipps fürs Online-Studium

2., überarbeitete und erweiterte Auflage 2020,
178 Seiten
€[D] 19,90
ISBN 978-3-8252-5490-2
eISBN 978-3-8385-5490-7

In ihrem Studienratgeber vermittelt die Autorin anschaulich, wie mit Hilfe von Projektmanagement das eigene Studium organisiert werden kann. In kurzen und prägnanten Abschnitten werden die typischen Phasen eines Studienprojekts und mögliche Planungswerkzeuge aus dem Projektmanagement vorgestellt. Die 2., überarbeitete und erweiterte Auflage gibt zudem wertvolle Praxistipps für das Projekt Online-Studium, sodass das Gelernte greifbar und direkt anwendbar im neuen digitalen Studienalltag wird.

Das Buch richtet sich an alle aktuellen und künftigen Studierenden, die sich nicht verzetteln wollen.

UVK Verlag. Ein Unternehmen der Narr Francke Attempto Verlag GmbH + Co. KG
Dischingerweg 5 \ 72070 Tübingen \ Germany
Tel. +49 (0)7071 97 97 0 \ Fax +49 (0)7071 97 97 11 \ info@narr.de \ www.narr.de

BUCHTIPP

Rödiger Voss

Überleben im Studiendschungel

Der Studienratgeber für Erstis

3., überarbeitete und erweiterte Auflage 2021,
224 Seiten
€[D] 17,90
ISBN 978-3-8252-5518-3
eISBN 978-3-8385-5518-8

Das Studium von Anfang an optimal meistern!

Sie wollen Leben und Lernen bestmöglich unter einen Hut bringen? Dann ist dieses Buch für Sie ein Must-have.

Rödiger Voss gibt Ihnen alles Wissenswerte zu Lese-, Lern- und Ordnungstechniken an die Hand. Auch auf das richtige Zeitmanagement in Studium und Freizeit geht er ein. Neu in der 3. Auflage sind u. a. Kapitel zur Studienfinanzierung und zur Gesundheit der Studierenden. Daneben hält der Autor zahlreiche Tipps zum Online-Studium bereit und zeigt Ihnen, wie Sie sich zuhause weniger ablenken lassen.

Kurzum: Für Erstis aller Fachgebiete und Hochschultypen ein unverzichtbarer Ratgeber.

UVK Verlag. Ein Unternehmen der Narr Francke Attempto Verlag GmbH + Co. KG
Dischingerweg 5 \ 72070 Tübingen \ Germany
Tel. +49 (0)7071 97 97 0 \ Fax +49 (0)7071 97 97 11 \ info@narr.de \ www.narr.de

BUCHTIPP

Antje Ries, Stephanie Walter

Study@home - Erfolg im digitalen Studium

Selbstmotivation, Selbstorganisation, Zeitmanagement

1. Auflage 2020,
181 Seiten
€[D] 14,99
ISBN 978-3-7398-3064-3

Und plötzlich digital

Sich und das eigene Studium ganz ungewohnt vom heimischen PC aus zu organisieren, klingt zunächst verlockend, ist aber ohne Frage eine große Herausforderung. Es fehlt der Austausch mit anderen Studierenden, Dozenten und Beratungsstellen vor Ort, die sonst so toll unterstützen bei der Organisation des eigenen Studiums. Gleichzeitig benötigt es eine große Portion Selbstmotivation! In den gemütlichen eigenen vier Wänden mit jeder Menge digitaler Ablenkung und ohne den ab und zu strengen Blick des Lehrenden ist der innere Schweinehund omnipräsent und gewinnt leider allzu oft die Oberhand.

Wichtiger denn je sind nun die Schlüsselkompetenzen: Selbstorganisation, Zeitmanagement und Selbstmotivation.

Der vorliegende Studienratgeber richtet sich an alle Studierenden, unabhängig von Fachrichtung oder Semester, die sich gerade im digitalen Studienalltag zurechtfinden müssen. Mit wertvollen Tipps und Tricks behalten Sie in Ihrem „Online-Studium auf Zeit" alles im Blick, lernen Ihre Zeit effektiv zu organisieren und bleiben stets motiviert!

UVK Verlag. Ein Unternehmen der Narr Francke Attempto Verlag GmbH + Co. KG
Dischingerweg 5 \ 72070 Tübingen \ Germany
Tel. +49 (0)7071 97 97 0 \ Fax +49 (0)7071 97 97 11 \ info@narr.de \ www.narr.de